法律故事书系列

阳光普法
关注民生 传播法律

Law Story
公民普法·法律进社区

双色插图本

公民普法版

# 法律故事汇

## 人身权·财产权的故事

中国法制出版社
CHINA LEGAL PUBLISHING HOUSE

# 目录

## 壹 物权与债权篇



## 贰 人身损害篇

## 叁 劳动人事篇



## 肆 未成年人与老龄人保护篇

壹

# 物权与债权篇

## 1. 为多获拆迁款假离婚 一方假戏真做拒复婚

程青是深市附近农村的农家女孩，因为家里经济困难，兄弟姐妹众多，她从小吃苦耐劳，读书勤奋用功，一心想考上大学为自己挣得一个好前程。终于，功夫不负有心人，她考上了深市的师范大学。

师范大学有国家财政补助的生活费，靠着种种优惠政策，加上自己勤工俭学获得的报酬，程青顺利地读完了大学。毕业后，她应聘到深市江湾区的太阳花小学当了一名语文老师。

工作的时间过得飞快，程青在日常的备课、讲课、批改作业、组织学生活动中度过了忙碌的两年。由于住着集体宿舍，平时不怎么外出社交，所以尽管周围差不多年纪的同事、朋友们都已经谈起了恋爱，程青仍是单身一人。学校里面的老大姐见到这么美丽贤惠的姑娘还是单身，便热心地当起了红娘，介绍她去相亲。程青也想尽快找到自己的另一半，好安安稳稳地过上幸福的小日子。不过，对她来说，对方的家庭条件和收入是重点考虑的因素。程青认为，自己家的家庭条件有限，没法给自己提供成家必要的经济支持，如果对方的家庭也跟她一样，那两个人今后的日子一定会过得很辛苦。毕竟要在大城市安家，光是买房就不是两个贫困的家庭所能应付得了的。

在众多的相亲对象中，程青看中了家里有着几套房产的肖军。肖军是深市本地人，虽然家里的几套房子都在深市的老旧城区里面，但是深市这几年经济发展迅速，老旧城区被征收拆迁改造也是早晚的事情。光是凭着这些房子的征收拆迁补偿款，以后住上宽敞明亮的高层小套间也不是难事。肖军人长得帅，在一家大公司做销售，每月的薪水也不低，从各方面来看，都是结婚的理想人选。经过这么一番理性的分析，程青开始跟肖军交往，两个人很快步入了婚姻的殿堂。

两人婚后的小日子过得还算美满，有了一个可爱的女儿，肖军的事业发展得也很顺利，当上了公司的销售经理，程青仍然在学校按部就班地做语文老师。教师的工作很辛苦，程青一直顾不上听从丈夫和公婆的建议再要一个孩子。有时候，肖军也会跟她抱怨："我们家经济条件还不错，我现在工资也涨了不少，你就不能辞职在家给我生个儿子吗？”程青舍不得放弃自己的工作，她深知一个女人必须从经济上独立才能自立自强。这事就在程青的不妥协中告一段落。很快，肖军一家又迎来了一场新的变故。

程青在婚后把自己的户口迁入了丈夫肖军家，成为肖家的一分子。最近，随着深市新的城市规划的公布，据肖家附近小区的居民传言，这一片老旧小区就要被政府征收进行旧城改造开发了。居民们纷纷打着各自的小算盘，想着怎样才能抓住机会在这次的旧城改造中争取最大利益、获得更多补偿。肖家也不例外，听说同样的面积，多一个户头就可以多分得补偿款跟安置房面积，肖军也开始打起了歪主意。他跟程青商量，两人可以先“假离婚”，将自家的户口一分为二，等征收拆迁补偿完成后，多得了补偿款或者安置房后再复婚。拥有一套宽敞明亮的大房子一直是程青的梦想，在仔细考虑之后，她答应了丈夫的请求。两人到民政部门办理了离婚登记手续，为了让“假离婚”看起来更加真实，两人还在离婚协议中约定，女儿由程青抚养，教育费、医疗费等全部由程青承担，肖军一次性补偿给程青 10 万元。

结果呢，拆迁决定的公告公布后，是按照被征收房屋的面积进行补偿，并没有像大家想象的那样按户补偿。程青想着尽快跟丈夫复婚，没想到肖军早在外面另结新欢，并且跟“小三”有了一个不到一岁的儿子。原本是为了多拿一点征收补偿款和安置房的面积而决定“假离婚”的，但程青做梦也没想到丈夫会假戏真做，拒绝与她复婚。

无奈之下，程青以与肖军协议离婚时双方系“假离婚”为由诉至人民法院，请求撤销双方的离婚协议并重新分配家庭共同财产，确定子女抚养问题。程青诉称，因其与肖军共同居住的房屋需要拆迁，二人以为拆迁是按户补偿，为多得征收补偿款和安置房面积才去民政局办理的协议离婚。后来自己得知拆迁是按房屋面积进行补偿后，要求与肖军复婚，却没料到肖军假戏真做，拒绝了她提出的复婚请求。而肖军却辩称，双方是自愿离婚，不存在“假离婚”之事，不同意重新分配家庭共同财产。

法院经审理后认为，原告程青和被告肖军是完全民事行为能力的自然人，能够判断行为的社会后果，具备了独立处理个人事务和独立承担民事责任的条件。双方是自愿协议离婚，且原告程青未能向法院提供协议离婚时存在欺诈或胁迫的证据，故双方应履行离婚协议约定的内容。据此，法院驳回了程青的诉请。

为了占小便宜，一念之差导致了程青家庭的破裂，这个教训足够深刻，也让想要要“小聪明”的拆迁户们警醒。

# 2. 拆迁钉子户　误人又误己

炎炎夏日，江门市开发区红旗新村一处厂房附近却人员密集，搬家公司、拆迁公司、城管执法队等工作人员汗如雨下、手脚麻利地对这处违法建设房中的物品进行了清理，伴着“轰隆隆”的机器作业声，一处违建厂房被拆平了。“钉子户”终于拆迁了——红旗新村棚户区改造范围内唯一的一处违法建设终于被连根拔起。违法建设竟然还当起了“钉子户”，这到底是什么原因呢？

原来，一年前，江门市开发区启动红旗新村片区土地一级开发项目并制订实施方案，当时红旗新村的村民李春阳违建房屋所占地块为空地。改造政策下发后，全村近 99% 的村民都积极支持，迅速签订征收补偿协议，积极响应棚户区改造，甚至出现了深夜排队领号的场面。但在拆迁工作中却遭到了个别阻力——李春阳为了个人利益，在其承包的集体土地上开始抢建房屋。其间，江门开发区城管多次进行劝阻，但李春阳拒绝停工，并将外面大门锁住，利用周末强行施工，3 个月内建成了成片的厂房，并以此进行高价勒索，要挟政府在征收时对这片违法建设进行补偿，扬言若不补偿就“死磕到底”，严重影响了红旗新村片区改造工作的推进。

随着棚户区改造项目的进行，周围一座座楼房拔地而起，现代化的住宅区初现雏形，当大家满心欢喜地期盼着早日住进新房时，李春阳家的违法建设却显得格外刺眼。因为他一家钉子户导致周边好几栋住宅楼的施工都无法如期进行，耽搁了整个棚户区改造项目的进度。李春阳为了个人利益的最大化不择手段，根本无视房屋征收部门工作人员的规劝。其间，棚户改造项目工作人员不厌其烦，多次联系约谈李春阳，并亲自到他家拜访解释说明国家的房屋征收补偿法律政策，但李春阳却一点儿都不配合，多次躲在外面避而不见。

因为与李春阳一家在征收补偿方案确定的补偿协议签订期限内一直无法达成一致意见，政府按照棚户区改造项目的征收补偿方案对李春阳下达了《房屋征收补偿决定书》，并写明被征收人如果对补偿决定不服的，可以依法申请行政复议，也可以依法提起行政诉讼。但是 6 个月的行政复议、行政诉讼的权利期限已至，李春阳一家既不签约也不搬迁，且未提起行政复议和行政诉讼。依据相关法律规定，项目工作人员再次对其当面送达《自动履行催告书》，也未得到任何回应。无奈之下，江门开发区人民政府依法向区人民法院申请强制执行，法院出行政裁定书，依法裁定准予强制执行。江门开发区人民政府据此对李春阳作出《强制执行公告》，要求其自公告之日起10日内自动履行签约及搬迁等事项，逾期不履行，将强制执行。但李春阳仍然置若罔闻，我行我素。一个月后，法院执行部门开始依法强制执行，对其财产进行依法清点、登记保全，并予以转移保管。随着大型机械设备的启动，被执行房屋轰然倒塌，现场豁然开朗，这处历时一年多的违法建设被彻底拆除。这是《国有土地上房屋征收与补偿条例》施行以来，江门市首个被依法强制执行征收的“钉子户”。

随着城市化进程的加速，房屋征收补偿引发的社会矛盾成为百姓维权的新热点和新焦点。唯有从制度上规范房屋征收补偿过程中各个环节的操作，适度提高房屋征收补偿的标准，让老百姓通过房屋征收补偿得到更多的实惠，才能从根本上化解矛盾，还人们一个和谐的社会。《国有土地上房屋征收与补偿条例》遵循的便是上述思路。条例按照保证房屋被征收群众居住条件有改善、生活水平不降低的原则，规定对被征收人的补偿包括：被征收房屋价值的补偿，因征收房屋造成的搬迁与临时安置的补偿，停产停业损失的补偿。对被征收房屋价值的补偿，不得低于房屋征收决定公告之日被征收房屋类似房地产的市场价格。政府对符合住房保障条件的被征收人除给予上述补偿外，还要优先安排被征收人享受住房保障。最重要的改变是，条例规定，因国防、外交需要，由政府组织实施的能源、交通、水利、教科文卫体、资源环保、防灾减灾、文物保护、社会福利、市政公用等公共事业需要以及保障性安居工程建设、旧城区改建等公共利益需要才可以实行房屋征收。商业性的房地产开发征收时代已经一去不复返了。

# 3. 违法建设难理论　终究难获拆迁款

虽然征地拆迁中可以论理的名堂很多，但最令政府头疼的无疑是违法建设的补偿，这是近年来困扰城郊和农村征地拆迁的“老大难”问题。一方面，违法建设十分普遍，只要是自建房，大多数都有违法建设。另一方面，违法建设的成因错综复杂，难以治理。比如，家里添了人口，娶了媳妇，又没有多余的宅基地，只好在自家的房子上加盖，或者私买他人的宅基地建房。虽然这种刚性需求不是很多，但只要有人开了这个头，就有其他人跟风。理由大同小异：现在没添人口，很快就会添；现在没娶媳妇，过两年就会娶。城管给了这个方便，就要给那个方便，结果违法建设也越盖越多。以前，人们不愿意花钱给违法建设办个合法手续。近年来，随着征地拆迁，政府几乎不再给自建房办“户口”，结果即便想让自己的建筑不违法，也没了可能。加之不断有人因为违法建设而拆迁致富，导致更多的人跟风投资盖房子，弄得很多家都有违法建设。

家在临水县南关街道的徐丽丽一家就面临着自家房屋将被征收拆迁的局面。早在 20 世纪 90 年代，南关街道还是一条偏僻的道路，街道两旁全是布局纵横交错的大杂院。那时候还没有什么城市规划，各家自建的房屋总是随着人口的增加不断变动。以前，家家户户都是一层平房外加一个大院子，宽敞明亮。不知道从什么时候起，这家盖起了二层小楼，那家也跟着往上盖，一时间二三层的小楼像雨后春笋一样冒了出来。有些家就是在自家房子的基础上动工，有些家胆子大些，还在自家院墙的范围外进行扩建。这些扩建的房屋都不在原先房产证的面积范围之内，成为名副其实的违法建设。徐丽丽一家就在当年儿子成家的时候将自家的平房加盖成了二层的小楼，并且把地基悄悄往外扩了两平方米。

随着南关街道将要被拆迁的消息传出，街道两侧房屋的业主们纷纷开始打起自己的小算盘：家中房屋多一平方米，就会多几千元的拆迁补偿款，或者就能多折算一平方米的安置房屋。这显而易见的利益让大家都坐不住了，想着各种主意让自己家房屋的面积再扩大一些。虽然政府早就发出通知，禁止在征收补偿前新建、扩建或者改建房屋，禁止改变房屋用途，违反规定的不予补偿，但还是有很多居民开始铤而走险。

徐丽丽家的二层小楼房间很多，平时她跟丈夫张文轩以及儿子、儿媳、孙子一家三代人住在一起，虽说比不上小别墅的豪华，但也住得很宽敞。听说街道要被拆迁的消息后，徐丽丽心想：这次拆迁可是个好机会，我们家房屋面积不小，置换出两套安置房肯定是没问题的，一套我们老两口住，一套给儿子住。但是从长远看还得为孙子考虑，以后孙子长大娶媳妇，也得提前准备套新房。最好是能想办法增加点房屋面积，置换出三套楼房来。目前两层楼房是不好再加盖了，只能打家里小院的主意。晚上关上院门，偷偷在院子里加盖个小厨房、小卫生间什么的，动静小，不容易招惹麻烦，还简便易行。徐丽丽把自己想到的办法跟丈夫、儿子商量后，一家人达成了一致意见。在购买砖头、水泥等必要的建筑材料后，徐丽丽雇了一个包工头，每天晚上 12 点以后施工，干到凌晨 4 点收工。十几天之后，徐丽丽家的小院就被加盖成了简易的砖房。完工后，徐丽丽满意地长舒了口气，坐等着房子被征收拆迁好置换新房。

徐丽丽的邻居邓敏一家见附近的居民纷纷有动作，也按捺不住了，但她家里实在是没有空间再加盖房屋了，听说门面房的补偿标准要比住宅高，便动起了这方面的心思。她家的房屋正好一面临街，只要房子开几扇冲街的大门，不就改成门面房了吗？于是，邓敏家的住宅房屋摇身一变，被改造成了商业门面房。为了坐实门面房的性质，邓敏一家还添置了柜台，向外出售一些小商品。

其实，对于居民们的小动作，城建局房屋征收补偿办公室的工作人员是心知肚明的，但这样下去可不行，动员工作跟政策讲解工作要做到前面，才能保证征收补偿工作真正开始的时候不致引发社会矛盾。所以，拆迁办的工作人员陈超辉只能挨家挨户地上门去给居民们普法。到了徐丽丽一家，看到院子里崭新的小砖房，陈超辉开门见山地说：“大姐，你们家这些小砖房是新盖的吧。我们拆迁办要提前跟您说清楚法律政策的规定呢，我国《国有土地上房屋征收与补偿条例》明确规定，在政府公布征收补偿决定确定了房屋征收范围后，不得在房屋征收范围内实施新建、扩建、改建房屋和改变房屋用途等不当增加补偿费用的行为；违反规定实施的，不予补偿。像您家这样增建房屋的，到时候征收拆迁登记房屋面积的时候可不会计算在内的啊。”徐丽丽一听，后悔不迭，自己为了盖这些新房，那可是整整熬了十几天的夜呢，最后却竹篮打水一场空。早知如此，何必当初呢？

在邓敏家又是另外一种状况，陈超辉劝解邓敏道：“邓大姐，您家这房屋一直都是自住用房，什么时候开始当成了门面房呀？改变房屋用途可不是自己开扇门、打个窗，性质就发生了变化的。住宅房屋改成经营性用房是需要办理相应的审批手续的，开始经营还要办理正规的营业执照，符合国家卫生以及环保、消防等方面的要求。所以到时候征收拆迁呀，咱们家这房屋还是会按照住宅房屋的性质进行补偿的，而不能适用经营性房屋的补偿标准。”邓敏一家听了陈超辉的一席话，也自知理亏，只好辩解说自己家庭困难，没有什么收入来源，将房子改成店铺卖点小商品也只是为了补贴家用，征收补偿的时候，还是听从政府的安置补偿政策，该怎么补偿就怎么补偿。

南关街道的拆迁闹剧就这样在政府拆迁办的工作人员逐家拜访解释中告一段落，征收补偿办公室也尽快完成了征收补偿范围内各家房屋的权属、区位、用途、建筑面积等情况的调查登记。想歪主意占便宜的人家，也都因为不符合征收补偿的法律政策而白费了功夫，各家各户最后都得到了公平合理的房屋征收补偿。

## 4. 暴力拆迁致惨案　家破人亡谁埋单

宁峰是甘泉市东兴街道常青社区的居民，常青社区原本是金台山下的一个小山村，地处山脚，四周青山环抱，山上林木葱郁，景色清幽。一到春天，山上就开满了成片的杜鹃花，一条露水河贯穿其中，曲折蜿蜒，流向远方，使得整个小山村成为远近闻名的旅游胜地。

20 世纪 90 年代后，小山村的土地不断被政府征收，附近的山区也被政府规划成休闲森林公园。后来，村委会被转成了东兴街道办公室，生产队也被改成了“社区”。虽然宁峰一家成为名义上的“城市居民”，但是他们其实并不享有城市居民的社保福利，还保留着耕种自留地、自留山的自给自足状态。

随着城市的发展，公路修到了村子附近，便利了居民们的交通，也带来了新的商机。甘泉市众多的房地产开发商纷纷看中了这块宜居的风水宝地，想在这里修建高档别墅。而在甘泉市的城市总规划中，也推动城市向东兴街道扩张。宁峰所在的常青社区是这里最大的破败棚户区，政府也想通过房屋的征收补偿安置，对这里进行综合治理。2012 年 4 月，甘泉市政府发出了常青社区的房屋征收补偿安置实施方案，将宁峰家所在的常青社区列为棚户区治理选址建设用地，要求社区居民限时腾空房屋，配合完成政府的治理工作。永华房地产开发有限公司（以下简称永华公司）经过激烈的竞争，获得了这个项目土地的开发权，并取得了拆迁许可，在该地区开发商品房项目“湖光山墅”。

宁峰家所在的常青社区由于早先就被划入城区，宁峰家自留地的，性质上也变成了国有土地，征收的时候是不予补偿的。能够得到补偿的只有房产证确定的 70 多平方米的住房。被征收房屋的居民们可以选择每平方米 1500 元的货币补偿或者是置换同等面积的安置房。如果想住得更大一些，多一平方米就得自己补上 2000 元的差价。如果居民配合征收拆迁工作，就还可以得到 1000 元的搬迁补助费和按日计算的误工补助费。

看到周边其他没有纳入城区的村子，村民们的集体土地被征收后，可以得到 10 多万元的土地补偿费、安置补偿费和地上附着物补偿等，常青社区的居民们未曾享受到作为城市居民的好处，却在土地房屋被征收时要无偿交出自留地，宁峰家心有不甘。于是，宁峰家和其他几户人家一起拒绝搬出，表示不能接受永华公司提出的补偿方案，要求得到公平合理的补偿。

此时，大部分常青社区的居民已经搬进了永华公司提供的安置房中，就剩下包括宁峰家在内的 20 户人家在继续坚守。由于永华公司与宁峰家在内的众多被拆迁人就补偿安置未能达成协议，“拉锯战”由此开始。永华公司派人采取了各种手段逼迫他们搬家，像堵烟囱、砸玻璃、掐电线，等等，并多次组织工作人员以殴打等暴力方式进行野蛮拆迁。

甘泉市的房屋拆迁管理办公室曾于 2013 年 12 月向永华公司下发了《关于立即停止违规拆迁的通知》，但是永华公司却并未按照主管部门的要求停止违法拆迁。

在无任何法律手续也未经过任何机关批准的情况下，2014 年 3 月 20 日，永华公司擅自派人强制拆除了宁峰家的一半房屋，并打碎全部门窗，将宁峰的父亲和一个亲戚打伤，要求他们在月底签订征收补偿协议，尽快搬家。否则公司将依法强行拆迁，并追究宁峰家给公司造成的经济损失。同年 4 月 10 日，一辆黑色轿车停在宁峰家的门口，车上走下来几个人，他们是永华公司主管项目拆迁事宜的钱进、张晓树及一些不明身份人员。20 天前，他们刚拆掉了宁峰家一半的房子，由于宁峰父母死活不肯走出屋子，才保住另一半。今天，他们计划要“搞定”剩下这一半房子，彻底拔掉这个拆迁“钉子户”。此时宁峰正在床上休息，他的妻子正轻声哄着 8 个月大的小婴儿入睡。突然闯入的拆迁人员身带工具，开始对宁峰及其妻子进行殴打。当时房屋内上有老人，下有妻儿，而对方都是凶神恶煞、身带凶器的人，宁峰为了保护家人，在反抗中随手拿出炕席下的水果刀向对方刺去。对方一名叫杜松的拆迁人员受了伤，随后在医院不治身亡。在永华公司人员的持械追逐下，宁峰逃离案发地。当日，宁峰家房屋被拆迁人员全部拆除，家中财产全部毁损，全家人无家可归。后来，在家人及聘请律师的劝说下，宁峰向公安机关自首，被逮捕收押。

宁峰的辩护律师认为，开发商永华公司对宁峰一家的暴力拆迁属于不法的侵害行为，涉嫌构成故意损坏公私财物罪。而宁峰实施的伤害行为属于正当防卫，当时永华公司的拆迁人员正在实施侵犯他人财产、损害他人人身安全的犯罪行为，宁峰实施正当防卫行为的主观意图是为了保护妻儿，避免他们受伤害，避免家中的生活资料以及房屋被毁损，没有超出正当防卫行为的限度。人民法院经审理认为，拆迁人员的殴打行为并不是以剥夺其生命为目的，宁峰在遭受不法侵害的情况下，为了保护自身权益不受侵犯而刺死被害人，构成防卫过当。鉴于他有自首行为，法院决定对他从轻或减轻处罚，最终判决宁峰犯故意伤害罪，判处有期徒刑三年，缓刑五年。

《国有土地上房屋征收与补偿条例》规定，被征收人对补偿决定不服的，可以依法申请行政复议，也可以依法提起行政诉讼。被征收人在法定期限内不申请行政复议或者不提起行政诉讼，在补偿决定规定的期限内又不搬迁的，由作出房屋征收决定的市、县级人民政府依法申请人民法院强制执行。所以，房地产开发公司本身是无权进行强制拆迁或者野蛮拆迁等行为的。本案是一个暴力拆迁事件引发的两个家庭悲剧，无论是宁峰还是杜松都是暴力拆迁的受害者，如果没有永华公司及其责任人员组织的违法暴力拆迁，悲剧根本不会发生。而《国有土地上房屋征收与补偿条例》的公布实施，就是对我国私有财产权利的有效保护。新条例明确取消了行政强制拆迁，有利于缓和化解社会矛盾、构建和谐社会。

## 5. 黑心医院乱用药　保险公司拒赔偿

俗话说，天有不测风云，人有旦夕祸福。在生病或者是发生某些事故造成伤害时，都得去医院治疗。可是，作为普通百姓，哪里知道医院给用的那些药哪些是管用的，哪些是不管用的呢？即使现在国家要求患者出院的时候，医院应当给予明确详细的用药记录，但是普通老百姓缺乏专业知识，有几个能看明白那长长的药单呢？一些黑心医院就利用一般百姓看不懂药单的漏洞给病人乱用药，以达到“创收”的目的。

但是俗话说得好，夜路走多了，总有撞鬼的时候。今天这个故事，说的就是一家黑心医院给病患乱用药，结果被保险公司发现的事。

故事的主人公叫李凤霞，是山东聊城某纺织厂的一名普通纺织女工。纺织厂的女工们都是两班倒，分为白班和夜班，这样做主要是为了提高设备利用效率，实现利益最大化。李凤霞也就随着厂里的班次调整，一周白班一周夜班地轮换着。可是今年孩子开始念高中，平常都住在学校。李凤霞心想，学校食堂的伙食一般，营养肯定没有家里的饭菜好，苦什么也不能苦孩子。于是李凤霞每个月都给孩子不少零花钱，让孩子时不时能改善伙食。但是这么一来，家里的经济情况就有点紧张。于是她向厂里申请了长夜班，等厂里的批复。这天一大早，李凤霞刚准备下班，厂里领导就在车间里找到她，告诉她厂里同意了她上长夜班的申请。李凤霞这心里高兴的啊，每个夜班多 15 元补助，一个月 15 个夜班就多 225 元的补助呢，而且上夜班也不用在厂里吃饭，省了饭钱，白天还可以帮丈夫去照顾一下摊子，多好啊！

同班的小姐妹看到李凤霞一脸笑眯眯的样子，都跑过来恭喜她，闹着叫她请客吃早点。李凤霞想了想，平常姐妹们关系都挺好的，一直互相帮衬着，自己申请长夜班，她们也都帮忙向厂里说了不少好话，再说这长夜班一上，可就不像以前有时间和这帮姐妹一起唠嗑了。“得，就请大家一顿早餐吧！”李凤霞大声说道，“去厂门口早餐店，啃大肉包子喝豆浆，管够！”一群姐妹收拾一下纱筒布头，擦一下机器，再把个人物品都收到小挎包里，然后叽叽喳喳地出了车间向早点店走去。

厂门口这个早餐店谁也不记得开了多久了，在李凤霞的记忆里，似乎十几年前她还是个小姑娘刚刚进厂的时候就有了。那两口子说是从淄博来的，起早贪黑地干活，凌晨3点多就起来和面蒸包子、打豆浆。等吃早餐的人们散了，就得赶紧去集市上买菜，回来做午饭的准备——食堂的午餐有点难吃，跟小店比起来差远了。下午得空打个盹儿，还得为晚饭做准备。李凤霞一边回想着这对夫妻开店的过往，一边跟随着姐妹们往小店走去。

虽然才早晨6点多，但是厂子门口那条路上已经是车水马龙了，匆匆上班的白领蓝领们、上学的小孩子们、晨练结束往回走的老人们，好一派熙熙攘攘的景象。摩托车、电瓶车、小汽车来来往往，各种喇叭声混成一片。几个小姐妹也停止了打闹和聊天，小心翼翼地看着路上往来的车子，穿过马路。李凤霞跟在大家后面，也左右看了看车，这才过马路。

忽然，面前蹿出一辆摩托车，径直往李凤霞的方向开了过来。李凤霞吓了一跳，赶紧往路对面走了几步，想要避过这辆横冲直撞的摩托车。摩托车驾驶员看到车前的李凤霞，也是大吃一惊，赶紧刹车。但是毕竟距离太近了，虽然驾驶员把刹车捏住，但摩托车还是向前滑行了一段距离，并且一下把李凤霞撞倒在地，压在了她的身上，还带着她往前又滑了几米。

夏天大家都是短衫短裤，这一撞可不得了，眼瞅着李凤霞的胳膊上、大腿上就被刮出血来，沉重的摩托车压在她身上，可以清楚地看到腰间被撞得乌青一片。摩托车驾驶员赶紧从地上爬起来，拉起摩托车并把车推到路边，回过身来把李凤霞搀扶起来，不停地说“对不住，对不住”。刚刚走到路对面的小姐妹们听到摩托车倒地的声音，扭过头来一看是李凤霞被撞着了，纷纷跑过来。

几个人围在李凤霞周围，紧张地问：“凤霞，你感觉怎么样？还能站起来吗？”小张掏出了小挎包里的纸巾，小心地擦着李凤霞胳膊、大腿上的血，泼辣的小李则一把抓住摩托车驾驶员，生怕他趁乱跑掉。李凤霞虽然被扶着站起来了，脑子里却还是一片空白，手臂和大腿上传来的刺痛让她意识到，自己出车祸了。摩托车驾驶员脱掉头盔，露出一张年轻的脸来，对李凤霞说：“大姐，对不住，实在对不住，你没事吧？要不咱去医院看看吧。”

大家赶忙七手八脚地把李凤霞扶到车上，送到当地的市中心医院。经过医生诊断，李凤霞全身多处软组织损伤，需要住院治疗。摩托车驾驶员先去收费窗口缴费，这时候大家才知道这个看起来有点腼腆的小年轻叫孔忠繁。刚把李凤霞安置到病房输上液，交警也赶到了医院。孔忠繁向前来处理事故的交警讲了事故的全过程，交警同志判断，孔忠繁不按交通规则驾驶摩托车、随意超车是造成事故的主要原因，根据道路交通法的有关规定判定孔忠繁对本次事故负全部责任。孔忠繁当场承认了自己的错误，并对李凤霞说：“大姐，你放心治疗，我一定会负责到底的。”李凤霞一听也就放心了，安心地在医院住院治疗。

经过一个多月的住院治疗，李凤霞终于出院了。出院这天，孔忠繁到医院来看望她，并商量医疗费等事宜的处理。一看医院给出的医疗费，一共将近两万块，李凤霞顿时愣住了，怎么会这么多呢？在住院期间，孔忠繁这小伙子几乎是天天来看望她，在平常聊天的过程中也知道了小伙子家里并不富裕，当下她就有点儿心疼。孔忠繁一看，对李凤霞说：“大姐，交警也说了，是我负全责，这医药费肯定是我给您负担。我呢，车子本身也是有保险的，就让保险公司赔吧。”于是就将医院的出院小结、医药费清单等一应材料准备完毕后给保险公司送了过去，等待保险公司的赔偿。

可是没过两天，保险公司那边出来消息了，赔不了那么多，因为医院开具的药费单子上，有一部分药根本就与事故伤情无关，如奥扎格雷钠，这种药的适应证是急性血栓性脑梗死和脑梗死所伴随的运动障碍，所以保险公司拒绝赔偿这一部分。孔忠繁一看就慌了，赶紧去纺织厂家属院找李凤霞。李凤霞一听也纳了闷，说：“你看我这不好好的吗，哪里有什么脑梗死、什么运动障碍了？该不会是保险公司赖皮不想赔吧？”两人也没什么办法，毕竟住院用药都是医院给安排的，那医院用什么药治疗什么症状咱也不知道啊，现在保险公司说那药不对就不对了？那这上万元的医疗费让谁来承担呢？

关键时刻，孔忠繁灵光一现，一拍大腿说：“李姐啊，要不这样，你去法院把我给告了吧，连着我那摩托车的保险公司一块儿告，让法院来判决。如果法院说那药都该用，那保险公司就得给咱赔偿。要是法院说那些药不该用呢，咱再转头跟医院打官司，让医院自己去承担这笔费用。”李凤霞是一个普通的纺织女工，对这方面也没什么了解，心里原本就没主意，听孔忠繁这么一说，想想也没别的办法，心想怎么着也不能让这小伙子生生吃这么大亏啊，当下便同意了孔忠繁的这个想法。

第二天，李凤霞就请厂里的法律顾问给写了起诉书，去法院把孔忠繁和承保孔忠繁摩托车的保险公司给告了。法院一接到起诉书，也觉得十分头疼，这用药该怎么用咱也不知道啊，历来不都是医院说了算吗？究竟算医院用药用错了，还是保险公司要赖不想赔钱呢？法院的同志面对这个特殊情况，开会研究了一下案情，最后得出了结论：既然咱也不懂，那就交给懂的部门吧。于是法院委托了当地司法鉴定所对市中心医院开具的药单进行审查。司法鉴定所审查后出具了权威的鉴定书：“被鉴定人李凤霞住院期间所用药物奥扎格雷钠，适应证为急性血栓性脑梗死和脑梗死所伴随的运动障碍。被鉴定人本次交通事故损伤诊断为全身多处软组织挫伤，因此奥扎格雷钠为本次损伤治疗中的不合理用药，应去除费用为 8220.90 元。”法院根据司法鉴定所的司法审查结果，判决保险公司负责赔偿事故的合理治疗费及药费 9764.59 元。

合理治疗费保险公司是赔了，可是那不合理用药部分的 8220.90 元怎么办呢？李凤霞和孔忠繁只好再打官司，把市中心医院告上了法院，起诉市中心医院对患者乱用药，谋取不正当利益。法院再次开庭对此案进行审理，在庭审过程中，李凤霞申请司法鉴定人员出庭接受质询，同时申请她的主治医师出庭作证。面对司法鉴定所的专业司法审查报告，市中心医院的主治医师支支吾吾、闪烁其词，根本不能说明药品奥扎格雷钠的使用与治疗李凤霞伤情之间的合理性与必要性。法院据此认为医院无法证明用药的合理性，因而采纳了司法鉴定所的审查报告，判决认定李凤霞受伤住院治疗过程中因使用奥扎格雷钠所花费的 8220.90 元为不合理用药，应由市中心医院进行赔偿。

市中心医院钻患者不懂医学专业知识的空子，赚了不少昧良心的钱，让不少老百姓白花了自己的血汗钱。现在要承担责任，自食苦果，大家都觉得黑心医院是罪有应得，纷纷拍手称快。李凤霞和孔忠繁维护了自己的合法权益，避免了不必要的损失，也都很是高兴。

在日常生活中，患者到医院就诊，虽然往往并没有十分正式地签订书面合同，但其就诊过程实际上就是与医院达成了医疗服务合同。医院应当遵循诚实信用的原则，为患者提供恰当的治疗方案，充分尊重患者的知情权，根据患者的病情为患者提供合理、恰当的医疗服务，而不能利用自己所拥有的信息优势，为己方谋取不正当利益。如果患者因为医院在治疗过程中不合理用药行为而遭受了损失，那么医院应当就这部分损失予以赔偿。

大家去医院看病，也要注意医院开的药品、检查项目是否合理，有疑问的地方及时咨询医务人员，这样才有利于保护自己的合法权益，避免使自己遭受不必要的损失。

# 6. 继母巧计谋家产　奈何法律有高招

邹慧的父亲邹大爷是一名普通的技术人员，生前就职于某国营企业任职技术科长。1960 年，邹大爷与前妻方某自由恋爱结婚，到 1968 年两人一共生了两个女儿和一个儿子。但是就在 1968 年，这个看起来很美满的小家庭发生了巨大的变化：邹大爷与妻子方某因感情不和离婚了。离婚之后的方某净身出户，三个孩子都留给了邹大爷。此后，邹大爷一个人又当爹又当妈，除了照顾三个孩子，还要上班挣钱养家，日子过得紧巴巴的，邹大爷的压力也一直很大。

到 1970 年的时候，经朋友介绍，邹大爷认识了郑大妈，两人相处一段时间之后，觉得彼此的性格挺合适，能过到一块儿去，郑大妈不嫌弃邹大爷有三个孩子，邹大爷也愿意郑大妈带着与前夫生的儿子一起生活。这样，两家合为一家，组成了两个大人四个孩子的大家庭。虽然一家六口人一直都挤在单位的三间各不足 10 平方米的宿舍里，日子并不宽裕，但直到孩子们都各自成家搬出去自己住，这一家人的生活还是其乐融融的，并没有出现故事里常说的继母虐待孩子的事情。邹慧回忆起这段生活的时候，还是不断感叹的。

但是现在，一家人却因为房子的问题，说不上反目成仇，但也是形同陌路了——三姐弟把继母郑大妈和继母的儿子小徐告上了法庭，向法院起诉继母偷卖了父亲的房子，请求法院判令将该房屋恢复到自己父亲邹大爷名下。这到底是怎么一回事呢？来看看庭审现场吧。

“我是家里老大，1961 年生的，到 1984 年的时候与我先生结婚，就搬离了我父亲那里。”邹慧回忆说，“我妹妹是 1963 年生的，她结婚晚，到 1990 年的时候才结婚，结婚之后还在我父亲那边住了一段时间，大约是 1991 年的时候，妹夫他们单位在定福庄那边给分了一套房子，两人才搬过去。”邹慧想了想说：“我弟弟是 1966 年生的，他 1996 年结婚，他岳父家条件不错，结婚时就给了他们小两口一套在北苑大屯东路那边的小房子，两人就住那儿了。在这之前他一直住单位宿舍，偶尔周末回去看望父亲。嗯，应该是他从学校毕业开始上班的时候就不怎么在家住了，搬出去大约也是在 1990 年。”

“也就是说，从 1991 年之后，你们姐弟仨就已经都搬出去住了，就留你继母和你父亲住在一起吗？”法官问道。

“不是，继母郑大妈来我家时就带着她和她前夫生的儿子小徐，到 1991 年我们姐弟仨都搬出去了，他（指小徐）也还是和我父亲以及郑大妈一起住的。”邹慧说，“到 1998 年我父亲单位给我父亲分配了一套福利房，他们仨就一块儿搬离了原来居住的单位宿舍，都搬到那套福利房去了。”

“后来呢？”法官又问。

“后来我们姐弟仨觉得四弟一直跟两个老人家住在一起也没什么不好，毕竟我们仨都搬出去了，家里就剩两个老人也挺不放心的，他住在那里（指邹大爷 1998 年分得的福利房）还能照顾一下老两口，也挺好。”邹慧说，“我们三个会时不时地给父亲打打电话，或者周末有时间就和爱人带着孩子一块儿去老人家里看看他们，或者是老人家有什么事儿了，一打电话我们就过去。”

“也就是说，即使是分开住了，你们姐弟仨对父母的赡养义务都还是尽到的？”法官问道。

“那是肯定的，我父亲把我们姐弟三个拉扯大不容易，我们怎么能不尽赡养义务呢？我和我妹每个月给父亲 200 元，我弟条件好一些，他给 600 元，我们仨一共一个月给他 1000 元。这只是平常的生活费，如果父亲有什么病啊痛的，除了医疗保险以外，也都是我们三姐弟一起承担的。父亲生病住院期间，我们三姐弟也经常去医院陪护。”邹慧回答说。

“那继母呢？或者小徐平常给不给赡养费呢？”法官又问道。

“我们给父亲生活费，并不是偷偷给父亲一个人，都是公开给的，也没有说不让他给继母用。继母生病了，我们也都去探望。至于小徐平时给不给他们钱，我们就不知道了。毕竟他们天天生活在一起，给多少，什么时候给，我们也看不到，也没听父亲说起过。至少这些年我们回去的时间里没有看到他给过。”邹慧说。

“那你所说的继母偷卖房子是什么情况？”法官说。

“后来老父亲就患了老年痴呆症了，继母郑大妈就借此机会，去法院申请判定父亲是无民事行为能力人。这么做其实本来也没什么问题，可是法院让她填写父亲的亲属关系时，她就没有填我们三姐弟。”邹慧说。

“那是什么时候的事？”法官问道。

“根据后来找到法院资料上的时间记录，是 2013 年 9 月的事。”邹慧回答说，“那时候父亲正好在住院，有几次差点儿就没挨过去。我们觉得，她就是那时候怕父亲撑不过去，才早早就偷偷去办了这事的吧。”

“那你们是怎么发现她把房子卖了的？”法官问。

“我父亲在 2015 年 3 月因为脑出血去世，我们姐弟仨就想着把他这点身后事办完了。因为父亲最后几年一直是老年痴呆，神志不清，也没有什么遗嘱之类的，我们就去咨询律师。律师说得先查一下父亲的遗产情况，再结合法律规定的继承人顺序来分配遗产。然后我们就去朝阳区房屋管理部门查了一下。这一查，我们才发现，房子已经在 2013 年 12 月卖给了郑大妈的亲生儿子小徐，而且价格特别低，才 52 万元，根本就不正常。”邹慧回忆说。

“也就是说，你继母郑大妈在 2013 年 9 月隐瞒了你们姐弟的存在，获取了你父亲的监护权，3 个月之后她就把房子卖给了自己的亲生儿子？”法官说。

“对的，是这样子的。”邹慧说。

“那为什么说是以超低价出售呢？”法官又问道。

“北京房价现在多少钱大家都知道，我们父亲那套房子一共 120 平方米，按照那套房所处的地段来看，现在房价大约在每平方米 2.4 万元，这还只是二手房的价格，这样算下来也得 288 万元。这是我们认为她超低价出售的原因之一。而且她的亲生儿子小徐在以 52 万元买了我父亲这套房子之后，过了大约 4 个月，就把这套房子抵押给银行，贷了 120 万元，从银行抵押贷款的一半放款比例，也知道房子至少价值 240 万元。从这两方面来看，52 万元的价格肯定是超低了。”邹慧说。

“你们认为她为什么要这么做？”法官问道。

“肯定就是想侵占我们父亲的遗产啊。她把我父亲的房子一卖，等我父亲过世了，就没有什么遗产了啊，我们仨就不能跟她儿子抢财产了嘛。”邹慧说。

法官问完邹慧，又问郑大妈说：“当时出于什么考虑，要去法院声明你丈夫是无民事行为能力人？又为什么要隐瞒他的亲生子女的存在？”

“当时老邹已经老年痴呆了，申请宣告他是无民事行为能力人是基于房管局的过户要求。宣称小徐为唯一儿子，只是希望能简化申请程序，没有什么坏心思。至于监护人为什么没有填写他们姐弟仨，是因为法院里办事的人说监护人有一个就可以，也不用填那么仔细。我就是一个普通家庭妇女，没什么文化，也想不到那么多，工作人员怎么说，我就怎么做，所以我就填了我自己。”郑大妈回答说。

“现在他们三姐弟认为你和你儿子小徐恶意串通，以超低价出售邹大爷的房子给你自己的儿子，是图谋邹大爷的房子，对此你有什么解释？”法官又问。

“我要真想图谋这房子，我还用得着费这么大劲儿，绕这么大弯子？直接让老邹写个遗嘱不就完了？他们姐弟仨搬出去后的20年都是我、我儿子和老邹一起过的。”郑大妈情绪十分激动地说，“当时老邹都已经老年痴呆了，还有帕金森综合征，我儿子小徐一直照顾他，每天下班回来带着他去小区里遛弯儿。他手抖得厉害，我儿子一口一口地喂他吃饭，从来不嫌麻烦。最开始帕金森有症状的时候，我儿子一心想治好老邹，还带他去治疗过。而他们姐弟三个，说起来是老邹的亲生子女，也就周末才偶尔回来一趟，平常根本都不服侍他。所以老邹在世的时候，有时候脑子清楚了，就一直说要把房子给我儿子，不给他们仨。”郑大妈喘了一口气说：“而且后来我丈夫的大部分医疗费用都是我儿子小徐掏的钱，我也不想他为了我们把自己的生活耽误了，所以就把房子卖给他，就当作弥补吧。”

庭审至此结束。

法院经审理认为，本案的事实清楚明确：被告郑大妈及其子小徐，在邹大爷还有其他亲生子女在世的情况下，通过向法院隐瞒实情、申请认定邹大爷为无民事行为能力人的方式，使郑大妈取得了邹大爷唯一监护人的身份。随后郑大妈就作为邹大爷的法定代理人，将邹大爷名下的房屋以明显不合理的低价直接卖给自己与前夫所生的儿子小徐，且无证据证明该价款已实际给付。4 个月后，小徐就从银行贷款 120 万元用于消费，由此可认定二被告之间存在恶意串通，该房屋买卖合同属于法定无效。

郑大妈及小徐虽声称邹大爷有将该房屋赠予小徐的意思表示，而且低价买卖房屋是因为小徐为了给邹大爷治病，花费过高，郑大妈不愿由小徐一人承担这笔费用，但该主张缺乏依据，法院难以采信。

据此，法院判决郑大妈与小徐签订的房屋买卖合同无效。但因为邹大爷已去世，无法将房屋所有权恢复登记至其名下，遂驳回了邹慧三姐弟的该项诉讼请求。

虽然签订合同通常都遵循当事人双方的自由意志，只要双方达成合意即可，但合同的订立不能损害他人、社会和国家的利益。因此，合同法中对这些情形作出了明确规定，在存在恶意串通、欺诈、胁迫等情形时，即便合同已经成立，也是无效的。合法利益受到损害的第三方可以依据法律规定，请求法院判定合同无效，要求当事人采取一定的救济措施。

# 7. 旧车当作新车卖　返还价款加倍赔

尽管现在大家都知道，由于私家车数量的快速增长，城市的交通经常十分拥堵，但是家里没辆车，又往往让人感觉很不方便。别的不说，就是节假日想带老人小孩出门去转一转，想想那拥挤得不行的公交车、地铁，就让人心里发怵。这不，家住西城区的袁梅正打算买一辆车。

对于为什么要买车这个问题，袁梅是这么考虑的：第一，现在家里经济条件好了，也可以改善改善生活品质；第二，现在父母老了，身体没以前好，带他们出去玩不能总挤公共汽车和地铁，老人家吃不消。第三，孩子也还小，如果自家有辆车，去哪儿都方便。第四，好不容易在北京摇到了车号，不买车就浪费了。

既然已经决定买车了，袁梅两口子想来想去，觉得还是先买辆中档车比较好：一方面可以先让自己练练手，虽然两口子都已经拿到了驾驶证，但毕竟没有充分的驾驶经验；另一方面家里暂时也没那么多闲钱，有辆中档车开着，不那么寒酸就行了，也不想打肿脸充胖子。

接下来的几个月里，周末一有空，两口子就去逛车市、逛4S店，也咨询了不少买过车的同事、朋友，问问他们的用车经验和感受。有同事建议买自动挡的，北京经常堵车，手动挡的车开起来太累，尤其对于新手来说，不停地停车、起步、换挡很麻烦，而且还容易出事故。也有朋友建议说最好买小排量的，平常家庭用车，又不经常跑长途，小排量车省油，而且小排量车在购置税上国家还有政策，能省点儿钱。还有的建议说既然要买车了，还不如直接买个SUV，那样的车宽敞，开着舒服，坐着也舒服，家里老人小孩一堆，要是买个紧凑型的车，坐都坐不下……两口子越听越犹豫不决了。

看了那么多车，两口子琢磨了很久，想着买车主要就是为了到周边一些风景好的地方走走，就决定了选车的基本标准：外观好看、节油、省心、自动挡，选择合资品牌的。

这天，两口子到通用4S店一看，店里面正搞活动，买车还有优惠。两人赶紧进去看看，一下就看中了雪佛兰景程轿车。店里的汽车销售顾问一看这两口子围着汽车转了好几圈，赶紧走上来招呼。

“您好，需要我给您详细介绍一下这辆车吗？”销售顾问小孙说。

“哎，好啊，麻烦您给说说呗。”袁梅说。

“景程的外形设计由意大利乔治亚罗设计公司担纲，您看这车型，外形由直、弧两条引擎盖立体肌力线，由进气口向车身两侧自然延展，流畅又好看，而且这头灯组采用鹰眼造型设计，一看就与众不同。”小孙一边说一边引导两口子细看这辆车，“车身长达 4.775 米，拥有目前市面上同级车中最长的车身，在同等价位的车子中，应该算是车身比较宽大、内部空间比较充足的。您看，特别是这后座的空间，坐进三个成年人还绰绰有余，尤其适合周末一家人去郊外游玩儿。您再看看这真皮座椅，摸起来就舒坦，坐起来更舒服，就算是长途旅行，人坐着也不会觉得累。”

听小孙这么一说，两口子觉得这车更符合自己心里的要求了，于是袁梅又说：“能给我们介绍一下车的性能吗？”

“没问题！”小孙一看这两口子是真心要买这车，自己说不定又能拿到不少提成，感觉很高兴，更加仔细地给他俩介绍，“景程这辆车的内饰采用绿色运动轿车三环独立式仪表板、高对比冷媒背光、大曲率仪表遮光罩，行车信息清晰。说起来咱北京这空气质量是越来越不好了，时不时就有严重的雾霾天，这辆车的豪华版在车内空调上采用国内首创的臭氧负离子空气净化系统，能有效吸附空气中的有害物质，给您提供一个清新舒适的驾乘环境……”小孙滔滔不绝地介绍着这款车的优点，袁梅两口子越听越心动，相互看了看，当下就决定买这款车了，于是就问销售顾问：“这车多少钱啊？有什么优惠啊？”

“这车销售定价 151900 元，由于是新款车并没有什么特别的优惠，不过我们可以送您一个大礼包，礼包里面有汽车脚垫、座椅靠垫等。”小孙笑眯眯地介绍道。

一听这价格，袁梅瞅了先生一眼，拉着他到一旁嘀咕开了：“有点儿贵啊。”先生点点头说：“的确有点儿贵了，要不咱再看看别的车吧。”说着两人就打算出门了。

小孙一看，这是怎么回事啊？刚才看着还挺满意，一副打算要买的架势，怎么这一说价格就直接往外跑啊？小孙赶紧追了上去说：“两位，有什么疑问或者不满意的地方吗？您可以直接跟我说，咱们都好商量啊。”

袁梅一看小孙诚意满满的样子，顿时就有点不好意思了：“这车挺好，就是有点儿贵，超出我们的预算了。”

小孙一听就明白了，但是自己也不能随便给他们降价……正在着急的时候，小孙忽然想起一件事来，就拉着两口子到休息区坐下说：“这样，二位，这款车是新车型，我就是一名销售顾问，也没权利给您降价，不过我们有一台展示车，是可以在价格上给您优惠一些的，您觉得怎么样？如果您真心想买的话，我就带您二位过去看看？”

两口子一想，展示车也无所谓，又不是二手车，只是在台上展示而已，当即表示了很有兴趣。于是双方经过一番讨价还价，达成了 138000 元的价格，当即签订了《汽车销售合同》。合同签订完，袁梅两口子当场向 4S 店交付了购车款 138000 元，同时支付了车辆购置税 12400 元、一条龙服务费 500 元以及保险费 6060 元。

交完钱，小孙把他们带到 4S 店后面的停车场，指着其中一辆轿车说：“就是那辆车。”同时把车钥匙给了袁梅。袁梅兴奋地上了车，试着开了一圈，感觉挺不错的，于是就和先生离开了 4S 店，去为新买的车办理了机动车登记手续。

三个月后，袁梅想着车子的行程已经接近 5000 公里，应该把车送去保养了，于是把车辆送到了买车的 4S 店保养。可是在保养的过程中，袁梅发现该车曾经进行过维修。在 4S 店维修保养车间门口，有个工作记录的台账，上面记录着这家 4S 店接待的各个保养维修的工时和维修保养内容。袁梅虽然是新驾驶员，但她第一次拥有一辆属于自己的车，自然是对这辆车很上心，连车的发动机编号都记得清清楚楚。她一看这台账，发现上面记录着自己这辆车的维修项目：右前叶子板喷漆、右前门喷漆、右后叶子板喷漆等，维修中更换底大边卡扣、油箱门及前叶子板灯总成。送修人是该 4S 店业务员。

袁梅越想越觉得不对劲：我分明买的是新车，怎么在这保养车间的台账上还记录了这车维修过呢？她赶紧给先生打电话说了情况，等先生过来，两口子就找到了 4S 店的管理人员，要求对方对此作出合理说明。结果店里的管理人员一看他们的记录说，对于车辆曾进行维修的事实，已经在销售时明确告知他们两口子了，所以才给了较大幅度优惠，从 151900 元降到 138000 元，还赠送了部分装饰（大礼包）。

两口子一想，没这回事啊，当时购车合同里可是明确约定的："……卖方保证买方所购车辆为新车，在交付之前已作了必要的检验和清洁，车辆路程表的公里数为 18 公里且符合卖方提供给买方的随车交付文件中所列的各项规格和指标……"可是 4S 店一直不肯承认，两口子越想越生气，直接去法院把 4S 店给告了。

法院受理了袁梅夫妇的起诉。在法院审查过程中，4S 店提供了车辆维修记录及有袁梅签字的日期为 2015 年 9 月 28 日的车辆交接验收单一份，在车辆交接验收单备注一栏中注有"加 1/4 油，此车右侧有钣喷修复，按约定价格销售"。4S 店承认该验收单系该公司保存，袁梅手中并无此单。对于 4S 店提供的上述两份证据，袁梅表示对于车辆维修记录没有异议，车辆交接验收单中的签字也确实是自己签的，但 4S 店在销售时并没有告知自己车辆曾有维修，自己在签字时备注一栏中根本就没有"此车右侧有钣喷修复，按约定价格销售"的字样。

法院经过审理认为：降低车辆的销售价格以及赠送车饰是销售商常用的销售策略，也是双方当事人通过协商达成的合意，这并不能说明 4S 店是在告知袁梅存在瑕疵的基础上，为其进行了降价和优惠。4S 店提交的车辆交接验收单，由 4S 店单方保存，且备注一栏所记载的内容是由该店不同人员书写，加上袁梅对备注内容不予认可，该验收单无法证明袁梅夫妇在买车时对车辆以前的维修情况有所了解。也就是说，4S 店在售车时隐瞒了车辆存在的瑕疵，没有履行瑕疵告知义务，有欺诈行为。

据此，法院作出了民事判决：一、撤销袁梅与4S店签订的《汽车销售合同》；二、袁梅于判决生效后7日内将其所购的雪佛兰景程轿车退还4S店；三、4S店于判决生效后7日内退还袁梅购车款124200元；四、4S店于判决生效后7日内赔偿袁梅购置税12400元、服务费500元、保险费6060元；五、4S店于判决生效后7日内加倍赔偿袁梅购车款138000元；六、驳回袁梅的其他诉讼请求。

这家4S店想把有瑕疵的旧车改头换面当成新车卖出去，结果却偷鸡不成蚀把米，不但要把拿到的钱一分不少地还回去，而且还要加倍赔偿。这是法律对投机者的警示，也是法律对消费者的特别保护。

在日常生活中，如果遇到这种卖方没有履行瑕疵告知义务，或者有其他形式的欺诈行为的情形，我们可以向法院或者仲裁机构申请撤销已经订立的合同。这样的合同被撤销后，卖方因该合同取得的财产，应当返还给买方；不能返还或者没有必要返还的，应当折价补偿；实行了欺诈行为的卖方还应当赔偿买方因此所受到的损失。

# 8. 纵使人亲财不亲　财物往来要小心

周敏敏的父母在她很小的时候就辞去公职下海做生意，夫妻俩起早贪黑，很能吃苦，出于知识分子的自我道德约束，两人从来不肯干那些违背自己道德准则或损害国家利益的买卖，诚实守信，口碑很好。但因为夫妻俩只是做小本生意，而且经商头脑也不是非常灵活，所以尽管他们在商海打拼十多年，但除去家庭开支、周敏敏的教育费用以及一套120平方米的房屋以外，这一家子竟也没多少积蓄。而且由于生意运转艰难，夫妻俩一门心思扑在生意上，整日里忙得脚不沾地，就疏忽了对周敏敏的关怀与教育。故事要从周敏敏高中毕业前3个月的某一天，父母因车祸双双殒命说起。

周敏敏的父母因意外离世之后，家中的存款充抵了之前欠供货商的货款后所剩无几，只留下一幢120平方米的房屋。原本就缺乏父母关爱的周敏敏，一个人生活在这座空荡荡的房子里面，一时间无法接受现实，越发觉得孤单。于是高中刚毕业的周敏敏希望能有个人来陪陪自己、安慰自己，就交了一个男朋友。就在这个时候，我们故事的另一个主人公，周敏敏的表姐王美丽出现了。对于周敏敏小小年纪就谈恋爱并且因此而荒废了学业这件事，表姐王美丽不仅不加以制止，还很肯定地对周敏敏说："现在家里就只有你一个人了，人家都说亲情缺失、爱情填补，找个人陪你也是很正常的嘛，表姐支持你。"而有了年长几岁的表姐的支持，周敏敏越发坚定了自己谈恋爱的心思。

然而，好景不长，年轻气盛的少男少女们在相处的过程中总有一些磕磕碰碰，而他们很显然还没有学会迁就和包容。恋爱不久的周敏敏和男朋友因为一些生活琐事冷战了一段时间之后，男友终于提出了分手。周敏敏听到男友要分手的话，先是惊讶，继而是百般苦留。而男友去意已决，无论周敏敏怎么道歉、讨好甚至是跪求，男友都坚决表示不想再把这份感情继续下去了。恼羞成怒的周敏敏在意识到这一点之后，假意约男友到家里最后一聚，趁男友换衣服的时候将浓硫酸泼向男友，造成男友严重烧伤。周敏敏自己也因犯故意伤害罪被判处有期徒刑10年。

周敏敏在监狱里痛苦生活期间，表姐王美丽开始做生意。她不仅每月来信安慰表妹，还每隔两三个月就到周敏敏服刑的监狱探视表妹，给服刑中的周敏敏带去各种可口的食物、换洗的衣物以及卫生用品，并鼓励周敏敏勇敢地活下去并积极接受改造，争取早日减刑出狱。王美丽的亲情关怀使绝望中的周敏敏有了新生的勇气。没过几年，周敏敏获得减刑后刑满回到家乡。从监狱出来的时候，周敏敏就觉得除了已经过世的父母，这世上就只有表姐王美丽才是真正关心她、爱护她的人，她在心里对自己说：如果以后有机会，一定要好好报答表姐。

出狱后的周敏敏一时半会儿找不到合适的工作——曾经故意伤人并且还坐过牢的名声也让她很难找到一份工作。百无聊赖的周敏敏闲着就喜欢往表姐王美丽家跑，跟表姐聊聊天，纾解一下心中的苦闷。王美丽已经结婚好几年了，夫家是做钢材生意的，经济状况很不错。而这两天，周敏敏在闲聊时觉察到表姐王美丽有一些心事，以为是表姐夫出轨了，很是义愤填膺："表姐，是不是表姐夫对不起你了？你要是受委屈了一定要告诉我，我帮你去教训教训他！"王美丽嗔怪道："你瞎想什么乱七八糟的事儿呢，是你表姐夫生意上出了点事。"

王美丽这才告诉周敏敏，现在股市特别好，表姐夫将家中的钱全投进前景一片光明的股海去了，并且为了能及时得到消息，表姐夫只身去了深圳，走的时候还将生意上的一部分货款带走了。现在生意上差 48 万元货款，对方催得急并且说要是不及时还上，就要去法院打官司。在这么一个小城市里，如果哪个做生意的人被人因为欠款不还告到法庭去并且败诉了，以后这生意也就没办法再做了，因为大家都会觉得这个人做生意不地道，还是不打交道为好。为了不吃这场"官司"，表姐四处筹款。可是历来多的是锦上添花，雪中送炭却是少之又少。那些平时生意上的伙伴一看到王美丽借钱，纷纷推托说没钱或者说钱借给别人至今未还。王美丽被逼无奈，只得向银行贷款，可是银行说贷款必须有"抵押物"或"担保"，而家里的房子为了扩大钢材生意已经抵押过了，一时竟没有什么办法可想。

周敏敏听了表姐王美丽的话，觉得自己报答表姐的时候到了，虽然自己并没有那么多现金可以借给表姐，可是自己还有一套房子，可以拿房子给表姐做抵押贷款。于是周敏敏第二天带着父母留给她的那套120平方米房子的《房屋产权证》和《土地使用权证》来到表姐家，对王美丽说："可以把我这房子拿去做抵押，应该能贷款到48万元吧。"

王美丽非常感动，说："怎么好拿你的房子去做贷款呢？"

周敏敏一看王美丽要拒绝她，立马就急了："表姐，到现在为止都是你在帮助我，无论是支持我谈恋爱还是去监狱探视我给我带好吃的，我欠你的恩情一辈子也还不完。妹妹我也没有什么能耐，你也很少有什么需要妹妹我帮忙的事情。如今好不容易有这么一个报答你的机会，难道你还要拒绝我吗？"周敏敏说着说着，情绪越发激动，竟然急得快哭了。

王美丽看到周敏敏如此真心实意地要报答自己，也非常高兴，就答应了周敏敏用她的房子去做贷款抵押，但是约定贷款包括利息都由王美丽负责归还。

抵押贷款很快就办好了，房子评估价值120万元，办理总额50万元三年期人民币的贷款。周敏敏照着表姐写好的《贷款申请》亲笔抄了一份，又在《抵押贷款合同书》上签了名，最后在贷款领取凭条上签了字。

当晚，办完事情的姐妹俩去了一家美容院，给自己放松放松。"真是无账一身轻啊，敏敏，表姐都不知道怎么谢你才好了！"王美丽双眼微闭，在享受美容师按摩的同时，轻柔地对周敏敏说。

躺在按摩床上的周敏敏觉得自己终于报答了表姐，也非常开心，"姐你这就是跟我见外了呗，我也没能为你做什么，利息你结，贷款也是你还……"

白驹过隙，两年时间过去了，街市依旧很繁华。周敏敏在社区的帮助下，做起了服装生意。周敏敏深知刑释人员找工作的不容易，因此特别珍惜这个生意，每天忙忙碌碌，要进货、要招呼客人、要研究市场上哪些款式好卖等，在紧张充实的生活里，周敏敏把两年前贷款50万元的事忘得一干二净，而表姐王美丽那边，尽管周敏敏偶尔还会去她家看看，或者电话聊一会儿，但因为生意忙碌的缘故，也没有再问过贷款归还的事情。

又过了一年，地方人民法院给周敏敏送来应诉通知书、出庭传票、民事起诉状和举证通知书等法律文书，周敏敏十分惊讶，她这才想起来三年前自己把房子抵押给银行，借了 50 万元贷款给表姐王美丽还货款的事情。周敏敏立即与王美丽联系，可是王美丽的电话关机联系不上。周敏敏感觉有点儿不对劲，于是赶紧把店早早打烊，赶往王美丽家。然而，王美丽家也是“铁将军”把门，没人在家。

直到开庭的日子，周敏敏每天都不停地拨打王美丽的电话，但始终联系不上，表姐王美丽的电话要么是关机，要么是不在服务区，好不容易打通了，也是无人接听。而王美丽家也一直关门落锁，无人在家，周敏敏每次去都是吃闭门羹。

开庭这天，面对贷款银行律师的质证、辩论，周敏敏十分难堪。她向法官陈述了帮表姐抵押贷款的真实经过：50 万元贷款是王美丽从银行拿去还货款了；两年的贷款利息是王美丽向银行结算的，银行的会计、出纳都知道。

法官要周敏敏出示王美丽拿走 50 万元贷款的证据。周敏敏一下子懵了：有什么证据呀，当时自己只负责在领款凭条上签名，王美丽清点好现金后就离开了。

“王美丽可以出庭作证呀！”委屈的周敏敏眼泪都要流出来了。

第二次开庭时，银行的律师和法官告诉周敏敏：几经努力，法院在深圳找到了王美丽和她丈夫，但王美丽拒绝出庭作证，也拒绝谈 50 万元贷款的事。银行工作人员也没有提供相关证言。所有的借款证据表明：周敏敏是借款人。

周敏敏彻底傻眼了，她怎么也不相信那个向来关心自己、爱护自己的表姐会做出这样的事情来。她觉得表姐一定是遇到什么事了，难道是表姐夫有了外遇，所以表姐才放弃家里的生意去深圳守着表姐夫吗？难道是表姐夫在股市失利，所以不能还钱了才避而不谈贷款的事吗？周敏敏觉得自己一定要和表姐联系一下，了解详情。

考虑到前面表姐拒接自己的电话，周敏敏向法庭申请直接与表姐通话，试图通过直接对话来了解事情的真相。法庭接受了周敏敏的请求，当庭拨通了王美丽的电话，可是王美丽听到周敏敏的声音后，态度立马就变了，把周敏敏臭骂了一顿。王美丽在电话里把事情撇得一干二净："我陪你去银行办理贷款，那是因为你自己要做生意，跟我没有关系。我跟你一起去只不过是我觉得你一个女孩子，担心你一个人带着那么多现金不安全，好心陪你走一趟而已。你 17 岁就跟人谈恋爱，现在指不定又是被哪个男人给骗了，现在还想赖到我身上来，你做梦！亏我当初还对你那么好，真是瞎了眼了……"周敏敏听见这番话，觉得如同深冬里被当头浇了一盆凉水，寒透了心，也放弃了再为自己辩护。

最后法院判决：借款人周敏敏于判决生效后 30 日内，偿还贷款 50 万元；逾期不归还的，贷款人有权就抵押的房屋依法拍卖。周敏敏当庭表示不上诉。在后来的 30 天内，周敏敏找中介公司将房子卖掉了，扣除中介费、手续费等还剩 105 万元，缴完贷款，周敏敏把生意也转让掉了，带着剩下的钱，离开了这个让她倍感伤心的城市。

俗话说得好，人亲财不亲，亲兄弟也得明算账。即使是亲朋好友，只要涉及财物往来，都应当办理相关手续，保留好证据，这样既可以避免事后发生纠纷时因缺乏证据而使自己遭受损失，也可以保护彼此之间的感情，避免因为财物纠纷使得亲人反目。

贰

# 人身损害篇

# 9. 见义勇为受侵害　依据法律获补偿

和许多农村孩子一样，18 岁的林申老实热心、乖巧懂事。林申的父母在他和弟弟小的时候就来到上海工作，由于工作很忙，不方便照顾他们，便将他们送回在苏州农村的爷爷奶奶家。上初中时，一方面爷爷奶奶年纪大了，另一方面为了接受更好的教育，林申和弟弟跟着打工的父母从苏州老家来到上海。

转眼五年过去了，现在的林申是高三某班的班长，他早已适应了新的校园生活，每学期都被评为“三好学生”。回想刚刚来到上海的学校时，第一天回家后父母问他对新学校的印象，他用“很不一样”来形容新老学校的差别：“老家的学校又破又小，只有一幢楼，只开数学和语文课，而且课上得很单调，一点也不像现在这么生动活泼。我在这里学得非常开心。”

其实，刚进校时，林申有点自卑，可是他想只要努力，他不会比上海本地的学生差。第一次在语文课上站起来回答问题，他很紧张，加上浓重的苏北口音，引得全班同学哄堂大笑。语文老师告诉全班同学林申回答得很好，让大家向他学习。多亏了语文老师的善意，林申有了信心和勇气。从那以后，林申每次上课都主动举手发言，现在已经是班里回答问题的“一号选手”了。还有一次是音乐期末考试，他唱了一首《凤阳花鼓》。因为从没当众表演过，他唱得不是很好听，可同学们都鼓掌叫好。通过一段时间的接触，林申感觉得出来，他们不是嘲弄或起哄。由于来到上海时间并不算长，林申还不会讲上海话，但在学校里他和同学也会讨论问题。林申深深地认识到，来上海读书后他学到了很多东西：在劳动课上学会了折纸和木工，丰富了课余生活；思想品德课的老师非常幽默，让人听得津津有味；他过去从没碰过电脑，现在已经学会了上网，尽管只是校园网，但基本知识都已经掌握。

比林申小一岁的弟弟跟他在同一所高中，正在读高一。父母忙着打工，家务活几乎都由兄弟俩分担。每天放学后，他们回家先要做好晚饭再做作业。早饭也是自己做，有时吃炒饭，有时就吃白饭。中午有 5 元钱吃饭，但为了节约下来买课外书和文具，兄弟俩有时就不吃午饭。他们从来不向爸爸妈妈要钱，要买书都用自己节省下来的饭钱。身边的同学买这买那，他们并不动心，因为深知爸爸妈妈已经很不容易了，自己应该懂事了。兄弟俩自小一起长大，感情非常好，成绩也不相上下，按成绩都可以上民办高中。但父亲说，家里没有钱让两个都上民办高中，只能上普通高中。懂事的林申和弟弟悄悄讨论过了，以后上大学时，如果家里只能供得起一个人上，他们都会争着把机会让给对方的。而林申坚决地说他一定会说服弟弟，让他辍学赚钱供弟弟上学。但是这样的想法他们不敢告诉妈妈，因为妈妈肯定会哭的。

像林申和弟弟这些外地来上海读书的学生都挺不容易的。和本地孩子相比，他们更加懂事和认真，很少有娇气和懒惰等坏毛病，而且非常珍惜现在的学习机会，上课很少开小差。在林申所在的高中全校 2100 多名学生中，外来流动人口子女已占三分之一，有 800 多人。学校的老师不搞区别对待，相反，在刚入学时，还会对他们格外多一点儿关心和帮助。不过，尽管同在一个校园，外地学生常常显得比较内向沉默。和衣食无忧的本地学生相比，他们获得的关怀较少，而收藏的忧虑较多。面对未来的升学与竞争，这些初来乍到的学生还需要更多的帮助与鼓励，还要争取更多公平的机会。

林申性格安静，平时并没有什么特别的兴趣爱好，唯一的爱好就是看书学习了。林申的妈妈曾经对他说过一句话：学习好比什么都好。于是，林申总是高效地利用时间学习，平时学校布置的作业只要一个小时就做完了，可是他认为自己的基础比较差，应该多下功夫，所以他每晚都要学习到 10 点。功夫不负有心人，现在林申的语、数成绩都是班里第一名。父母从小就教育他要尽可能地帮助他人，林申身体力行：由于学习优异，同学们都很喜欢利用课间向他请教难题，他每次都耐心地讲解，从未有过任何不耐烦。竞选班干部时，很多同学都佩服他，觉得他是一个刻苦自律而又乐于助人的好学生，纷纷投票选他当班长。老师们也很喜欢这个听话的学生，很注意培养他，期待他在之后的高考中发挥稳定，为校争光。林申的父母虽然工作很辛苦，但每次看到林申带回来的奖状和成绩单，都会得到很大的安慰，充满干劲地为未来打拼。林申成了父母的骄傲。

然而，就是这样一名刚满18岁的花季少年，本该抓紧青春时光，继续为未来学习奋斗，可由于见义勇为受伤严重，在学业的关键时刻不得不在医院度过……

一天下午放学后，林申像平日一样早早地收拾好书包，想要尽快回到家中准备即将到来的期中考试。刚刚走出校门，看见几个不认识的外校学生围着本校的学生小夏。林申也没多想，以为只是认识的朋友。但当林申渐渐走近他们的时候，发现外校学生中有的拿着自来水铁管，而那个本校的学生表情很害怕，看到林申时好像在用眼神求助。林申不明所以，但隐隐觉得不对劲，想到平时父母对他的教育，他毫不犹豫地走上前去。其实，马某、陈某等4人是附近另一所高中的学生，经预谋携带自来水铁管到林申所在的学校附近伺机抢劫低年级学生，他们很快就将目标锁定在孤身一人早早走出校园又穿着不错的小夏身上。马某当时正在向小夏要钱，眼看就要得逞，谁知突然林申走了过来，便不耐烦地对林申说：“有事情吗？没事快走！”林申看着几人手里的铁管，仍旧勇敢地问小夏：“你认识他们吗？”“怎么不认识？我们关系非常好，你就别打扰我们了！”陈某说着还推了林申一把。小夏原本很担心自己今天逃脱不了，没想到居然有人走过来帮助自己，心里得到了安慰，便鼓起勇气大声对林申说：“我根本就不认识他们！他们想要抢我的钱，快帮帮我吧！”林申一直都是热心肠，现在听到小夏的求助，怎么可能置之不理呢？林申走到小夏身边将他挡到身后，对马某等人说：“他只是学生，没有钱可以给你们，而且你们这样是犯法的，还是放他走吧。”马某不为所动地说：“废什么话，客气地让你走你就照做。敬酒不吃吃罚酒，你可就吃不了兜着走了。”看到林申毫无畏惧地与他们对视，陈某笑眯眯地说：“不是你们想象的那样，我们并不是想抢钱，只是最近手头有点儿紧，想先‘借’点钱。”林申根本不相信陈某的谎话，仍旧警惕地看着他们。眼看威胁和谎言都不起作用，马某等人又担心等下被更多的人发现，几人眼神交流后纷纷动手开始抢小夏的书包。林申极力想要阻止他们，马某早已没有耐心，于是挥起手里的铁管就向林申打去，很快，其他几人一起用铁管殴打林申。林申一边大声呼救一边仍旧尽力保护小夏。正处于放学高峰，听到林申的大声呼救，更多的学生向这个方向走过来。陈某看势头不对，赶紧一把抓过小夏的背包，拉着马某等人逃跑了。然而，林申却因被铁管打伤倒在地上，小夏连忙在赶过来的同学的帮助下联系了救护车和警察。

很快，救护车就将林申送到了医院。派出所的警察也赶来询问小夏具体的情况，小夏还没缓过来，语无伦次地说着刚刚的经历，警察只得让他不要急慢慢说。听了小夏的叙述后，警察深感事情的严重性，联系了小夏和林申的家长。林申的父母迟迟不见林申回家，正在家里着急，接到派出所的电话更是心急如焚，担心儿子出了什么事，急急忙忙地赶到派出所，警察将他们叫到一旁告诉他们林申看到外校学生抢劫本校同学，见义勇为受伤在医院接受治疗。林申的父母听了这个消息，又忧心又欣慰，忧心的是儿子在高三这么关键的时刻却受伤住院，欣慰的是儿子没有辜负一直以来的教育，成为一个有担当的男子汉。最后，警察根据小夏的描述抓到了将劫得的赃物销赃后正在挥霍的马某等人，随后检察院提起了公诉。法院在庭审过程中查明马某等人家庭贫困，经常抢附近学校学生的钱，并且没有能力赔偿林申受到的伤害。而林申的父母工资也不高，平时除了供林申和弟弟上学以外几乎没有什么积蓄。看着躺在病床上的林申，父母连连叹气。

在日常生活中，为防止、制止他人民事权益被侵害而使自己受到损害的情况为数不少。《侵权责任法》第二十三条规定："因防止、制止他人民事权益被侵害而使自己受到损害的，由侵权人承担责任。侵权人逃逸或者无力承担责任，被侵权人请求补偿的，受益人应当给予适当补偿。"

最高人民法院也有相应的司法解释，《关于审理人身损害赔偿案件适用法律若干问题的解释》第十五条规定："为维护国家、集体或者他人的合法权益而使自己受到人身损害，因没有侵权人、不能确定侵权人或者侵权人没有赔偿能力，赔偿权利人请求受益人在受益范围内予以适当补偿的，人民法院应予支持。"

最终，在依据法律、考虑现实情况的基础上，法院经审理认为：在小夏遭到马某等人抢劫时，林申为制止马某等人对小夏财产的侵害挺身而出，最终受伤入院，这种见义勇为、敢于同违法犯罪行为作斗争的精神是值得提倡的。对于林申受到的侵害，应由马某、陈某等人承担责任。但马某等人家庭条件无力承担。小夏作为受益人，应对林申的善后处理在经济上给予一定的补偿。

几个月后，林申的伤痊愈了，重回校园的林申受到了同学和老师们的热烈欢迎。关于林申见义勇为受伤入院的事情早已在校园里传开，老师和同学们都对林申充满了敬佩之情，学校还专门在全校大会中表扬了林申。林申面对大家的夸奖，总是不好意思地说："我只是做我应该做的事情。虽然这次受了伤影响了课业，但下次遇到同样的事情我还是会那样做的。"高三的每一天都很关键，林申很快投入学业当中，身边的同学和老师都力所能及地帮助他追赶学习进度，小夏更是尽心尽力。他们笑着对林申说："以前都是你给我们讲解数学题，这次终于有机会让我们显身手了。"面对他们的热情帮助，林申心里很感激。而对于家人，林申感到愧疚，自己受伤后父母的担忧和辛苦他都看在眼里。了解到林申的心思后，父母却总是夸林申见义勇为、乐于助人，他们以林申为豪，让他继续专注学习，不要想太多。林申深深地明白只有更加努力地学习才是报答默默支持自己的父母、老师、同学的最好方式。

为了防止、制止国家、集体的财产或者他人的人身、财产遭受不法侵害，见义勇为而使自己受到损害的，在一般情况下，侵权人承担侵权赔偿责任。但有的情况下会有侵权人逃逸，根本找不到侵权人，也可能会存在虽然找得到侵权人，但侵权人赔偿不了的情况。出于公平正义，《侵权责任法》第二十三条规定，在侵权人逃逸或者侵权人根本无力赔偿的情况下，由受益人给予适当的补偿。这里需要注意三点：一是逃逸的侵权人确实找不到，或者侵权人确实无力赔偿，这是被侵权人请求补偿的限定条件，如果侵权人没有逃逸或者有赔偿能力的，被侵权人不能找受益人要求补偿；二是有明确的受益人，被侵权人明确提出要求受益人补偿的请求；三是受益人应当给予适当的补偿，补偿不是赔偿，赔偿一般是填平原则，即受损多少赔偿多少，而补偿仅是其中的一部分，本条用的是“给予适当的补偿”，就是要根据被侵权人的受损情况、受益人的受益情况等决定补偿的数额。

按照侵权责任构成的一般原理，受益人不是侵权责任人，对被侵权人而言本身不存在任何过错，与被侵权人的损害没有因果关系，因此不应当负有赔偿的责任，完全应当由侵权人承担责任。但是，如果不是为了受益人的利益，被侵权人也不会遭受损害，当侵权人逃逸或者侵权人根本无力赔偿时，被侵权人由于见义勇为行为而遭受损害得不到任何赔偿和补救也不公平，不利于社会助人为乐良好风气的形成，不符合公平正义的精神。因此，为了较好地解决矛盾、平衡利益、分担损失，让受益人适当给予被侵权人补偿是可以的。

## 10. 赔偿损失遇难题　分期支付解心忧

孙旭是一家出租车公司的司机，转眼来公司就快5个年头了，孙旭仍旧很喜欢自己的工作。这可能跟孙旭的兴趣爱好有关，他从小就喜欢汽车，年幼时喜欢摆弄各种汽车玩具，长大后就关注起各类车杂志，年少的他希望以后能从事与车相关的工作。现在也算实现了一直以来的愿望，与车打起了交道。

28岁的孙旭一直单身，父母和身边的朋友都很为他着急。最终在朋友的介绍下，孙旭认识了一所初中的老师刘菲。可能是长期与学生相处，刘菲性格开朗又温柔，孙旭一下就被她感染，愉快地和她聊起天来，聊着聊着就说到了他最爱的车。孙旭滔滔不绝地说个不停，刘菲面带微笑仔细倾听。不知不觉几个小时过去了，孙旭才不好意思地停了下来，抱歉地对刘菲说："一提到车，我就变得特别积极。不好意思，你不要介意。"刘菲摆摆手说道："没有这回事。我觉得很有意思，你介绍的这些以前我都不知道，我还要谢谢你免费教了我很多知识呢。"感受到刘菲对他爱好的接受与理解，孙旭内心很高兴。以前也不是没有过心仪的对象，但几乎没有人这样耐心地听他聊自己的爱好，更别提对他的爱好感兴趣了，孙旭认为两个人只有兴趣相投才能长久地生活在一起。终于，这一次孙旭找到了适合他的对象，于是开始经常主动约刘菲出来兜风。两人的感情发展得很顺利，很快就互相见了家长，在家人朋友的祝福下，年底领证结婚了。

第二年，孙旭和刘菲便有了一对可爱的龙凤胎，这无疑让夫妻二人的生活更加幸福美满。孙旭平时除了上班工作以外，最大的乐趣就是陪在儿女身边。刘菲虽然也很想多与孩子相处，但她的工作是中学老师，中学生正处于最叛逆的年龄，难免会有一些小摩擦、小问题出现，刘菲作为班主任，为了学生的健康成长，除了关注学习以外，还要经常与学生们交流，帮助他们解决各种各样的烦恼。工作的繁忙不可避免地影响了刘菲对家庭的关注，处理完学校的事情回到家后，她往往只能看到儿女熟睡的脸。孙旭和刘菲工作繁忙，双方父母年龄较大难以帮忙，不得不在白天请保姆来照看孩子。但到了晚上保姆下班走后，照顾孩子就需要孙旭夫妻自己完成了。孙旭很理解妻子的工作，每个孩子都是父母的希望，每位父母都对老师充满信任，妻子有义务培养好这些祖国的花朵。为了更好地支持妻子，孙旭下班后马上赶回家照顾孩子，尽量减少妻子工作和家庭的双重压力。

孙旭在享受龙凤胎带来的双倍幸福的同时也遇到了一些小困难：照顾龙凤胎相对于一个孩子更为困难，尤其对于孙旭一个大男人来说，面对同时哭闹的两个孩子更多的是无从下手。好在孙旭有充分的耐心，经过一段时间便适应了。刘菲晚上回到家，看到孙旭熟练地哼着儿歌抱着两个孩子摇摆，内心充满了感激。“谢谢你老公，我工作忙，多亏你帮我分担。”刘菲真诚地对孙旭说。“一家人说什么谢谢。夫妻之间不就是要互相支持理解的吗？我们能在一起也多亏你对我爱好的理解。”孙旭不好意思地说。

其实，孙旭的工作也不轻松，每天的工作时间较长，出租车司机必须对乘客的安全负责，开车时一定要拿出十二分的专心。除此之外，司机总是保持坐着的姿势，不能随意活动也让孙旭的身体不舒服。工作一天的孙旭很疲惫，需要充分的休息时间，因为只有休息好才能保持长时间的精神饱满状态以继续第二天的工作。但因为心疼工作繁忙的刘菲，他主动承担了大部分照顾孩子的工作，回家后的休息时间不得不压缩了很多，一晚上往往要起来好几次。虽然感受到了自己精力的不足，但出于对工作的热爱和对孩子的疼爱，孙旭仍想尽量兼顾事业和家庭，每天都强打起精神去工作。其实，刘菲感觉到了孙旭的劳累，甚至发现他在吃晚饭时就昏昏欲睡。于是，刘菲便建议说：“老公，要不然我们请一个住家保姆吧？”“怎么突然说这个？现在的保姆不是挺不错的吗？孩子照看得很好。”“现在的保姆确实很好，可是我们现在晚上需要好好休息，还是找一个晚上也能帮忙的保姆比较好。”孙旭虽然心里很认同这个建议，可是仍有一些顾虑：“好保姆不那么容易找，先托人问问看，找到合适的再说吧，最近我就先坚持一下。没事的，放心吧。”孙旭何尝不想这样做呢？有了住家保姆，孩子可以得到更好的照顾，大人也可以专心地工作，可是住家保姆的费用不低，现在家里的花销就已经很大了，再加上要为孩子的将来作打算，孙旭还是抱着能节省就节省的想法坚持晚上自己照料孩子。

这天，同事李顺因为女儿生病，想让孙旭帮忙替一下晚班，孙旭跟李顺关系很好，平时叫他一声“李哥”，为人父后，很能理解这种对孩子的担忧，尤其在孩子生病时特别希望陪在孩子身边。于是，孙旭毫不犹豫地答应了李哥的请求。谁也没想到，这种勉强却在第二天引发了一场让人心痛的事故。

第二天下午，孙旭觉得有些提不起精神，但还是强撑着驾驶出租车行驶在公路上。阳光照在孙旭的身上，更加剧了他的困意，而后在由东向西行至机场高速路进城区方向12公里处时，他终于支撑不住，有一瞬间的不留神，然而就是这一瞬的不留神，车辆前部就撞在中心隔离带后侧翻过隔离带，砸在张昊驾驶的一辆“别克”牌公务车上，造成两辆车及道路设施损坏，路上的其他车辆纷纷停下。短短几分钟就出了这么大变故，孙旭根本没有反应过来，但身上的疼痛让他清醒了许多，他看了自己伤得不算严重，马上向外呼救，最终在几位司机的帮助下爬出了座位，赶忙拨打了急救电话和报警电话，简要报出了出事地点。为了尽量避免更大的伤亡，其他热心人查看了伤员，在救护车到达前各尽所能地进行救助。很快，急救车赶到现场。不久，孙旭所在的出租车公司也派出了相关人员来处理事故。

与此同时，接到事故报警后，公安局迅速调派警力赶到现场开展抢救、疏导工作，同时立即向上级部门汇报了事故初步情况，并通报有关单位，协调开展应急处置。经过两个多小时的努力，伤员得到了及时救助，现场清理完毕后交通全部恢复正常，有效地控制了事故可能造成的更大人员伤亡和经济损失。

很快，民警来到医院探望事故当事人并了解情况。孙旭当时躺在病床上，满脸倦容，两眼布满血丝。经过询问，孙旭告诉民警，同事家里有急事，自己替他值了晚班，再加上最近晚上要照顾孩子，今天连续开车将近5个小时，所以有点儿累。“你这是疲劳驾驶，不安全，应该休息好了再走。”民警对孙旭说。听了民警的话，想到自己一直以来的志向和深爱的家人，孙旭此时后悔不已：他从小的爱好就是车，想不到自己一时的大意却用车造成了这么大的伤害，今后该如何面对呢？多年来的驾驶经验告诉他在感到疲惫、不能集中精力时要停止驾驶，适当调整，没想到自己一时的逞强酿成了巨大的损失。

刘菲原本正在学校上课，知道孙旭出事故的消息后赶忙请假来到医院。孙旭此时正躺在医院的病床上，刘菲看着他包裹着纱布的手臂心疼不已。孙旭看着妻子的样子，心里也很不是滋味，但还是劝慰道："我受的伤并不重，放心吧。""你工作这么累，回到家本来应该休息，我却没有多为你考虑考虑，如果当初我多坚持一下，咱家请个住家保姆就不会是现在这样的结果了。"孙旭抬起没受伤的手臂拍了拍妻子说："这件事怎么能怪你呢？既然事情已经发生了，就想办法解决。"看到刘菲点点头，他继续问道："你在这里陪我，学校的学生们怎么办？""放心吧，有其他老师在照看，你现在的主要任务是养好伤。还有，为了我和孩子们，你今后要更加注意安全。"孙旭连连应好。

在交通事故中，张昊被孙旭的出租车撞成手臂粉碎性骨折，经现场勘察和事故调查分析，经公安机关认定事故主要原因是孙旭驾驶的出租车越过隔离设施驶入对面道路左侧车道，由于疲劳而发生过错行为，与张昊所驾车辆发生碰撞造成人员受伤。孙旭负事故的主要责任，张昊负次要责任。很快，经法院审理，判决孙旭赔偿张昊 10 万元。孙旭接受了法院的判决，同意赔偿张昊 10 万元。但自从孙旭和刘菲结婚后，两人很快就买房、生子，这些都需要很大的开销，夫妻俩大学毕业后工作的积蓄所剩无几，10 万元对于这个普通的小家庭来说并不是小数目，孙旭一时拿不出这么多钱。夫妻俩刚从交通事故的打击中恢复过来，又陷入了新的担忧当中。

无论如何，生活还要继续。孙旭回到公司工作，但在午休的时候难免面露忧愁，李顺之前就知道孙旭在替自己值夜班后的第二天就出了车祸，心中很是愧疚，曾在孙旭住院期间多次探望，现在看到孙旭满面愁容，急忙问孙旭："遇到什么难事了吗？跟我说说，有能帮忙的我一定帮忙。"孙旭犹豫了一下终于还是说出了事情的原委。听了孙旭的诉说，李顺立刻说道："都怪我让你帮我值夜班，你没能好好休息就继续开车才出了事……""李哥，这怎么能怪你呢？我晚上要照顾孩子，疲劳是长期积累起来的，这次事故就是提醒我平时要劳逸结合，更加注意交通安全，也算长个教训吧。”李顺不好意思地说：“你不用宽慰我，这事我脱不了责任。这样，你也知道我家的情况，既要还房贷还要养孩子，我也不可能帮你太多，明天我就拿给你 2 万元。”看着真诚的李顺，孙旭很是感动，明白自己不接受他的好意他不会安心，于是说道：“谢谢李哥，你可是帮了我一个大忙！你放心，我一定会尽快还钱的。”有了李顺借的 2 万元，再加上自己的 3 万元，孙旭终于凑够了 5 万元钱，可是还有一半的赔偿金没有着落。夫妻俩每天下班后一边照看孩子，一边想对策，但想来想去还是一筹莫展：双方父母也都不富裕，年纪大了难免时时有些病症，平时孙旭和刘菲忙于自己的小家庭都没能常常照料父母，夫妻俩这时候不想再麻烦父母了；而身边的朋友都是同龄人，同样处于打拼买房养家的阶段，手头都不宽裕。能想的办法都想过了，还是没能想到一个较好的解决办法，刘菲小心翼翼地对孙旭说：“也不是没有办法，实在不行我们就把房子卖了吧。”“不行，我坚决不同意，卖了房子我们住哪里呢？”这一晚，孙旭和刘菲都没有睡好。

第二天，没休息好的孙旭吸取之前的教训，向公司请了一天的假在家休息。中午，孙旭就接到了李顺的电话，原来李顺看到孙旭没来上班很担心，孙旭解释说自己前一晚没睡好才请假的。李顺听后就放心了，随后兴冲冲地告诉孙旭：“你的事情我一直放在心上，昨天晚上向一个律师同学咨询了一下，他说你可以跟被侵权人协商，如果他同意了，你不用一次性支付所有赔偿费用，可以分期支付的。”“真的吗？如果是这样的话，我的问题就解决了。”孙旭惊喜地说。“当然是真的，我特意向他确认了，你也可以上网查看证实一下。”孙旭感谢李顺后就挂断电话，迫不及待地查询相关法律，搜索一番后发现《侵权责任法》第二十五条规定：“损害发生后，当事人可以协商赔偿费用的支付方式。协商不一致的，赔偿费用应当一次性支付；一次性支付确有困难的，可以分期支付，但应当提供相应的担保。”亲眼看到法律原文后，孙旭这才放下心来，晚上把这件事告诉妻子，两人决定明晚就去找张昊商量。

其实，孙旭深知这次的事故主要责任在自己，对张昊受到的身体伤害和财产损失感到很抱歉，极力想要获得张昊的谅解。在自己的身体恢复健康后，孙旭不止一次地去医院看望张昊，当面向张昊表达了歉意。张昊在了解孙旭的家庭情况后，早就原谅了他并非故意造成的伤害。所以，在听到孙旭和刘菲的来意后便同意了他们的请求，答应孙旭可以先付给 5 万元，剩余 5 万元一年内支付。

终于，这次因疲劳驾驶造成的交通事故总算圆满解决了，孙旭的“不小心”不仅给他人带来了损害，也给自己和家人带来了伤害。吸取教训，孙旭向妻子保证不再疲劳驾驶，一旦感觉累了就及时休息，调整好身体状况，避免类似事故的发生。这不光是对他人的安全负责，更是对自己和家人的负责。

# 11. 孝顺女儿送礼物　误伤母亲谁负责

常夏的家乡在河南的一个小县城，父母都是农民。从小常夏学习就很刻苦，成绩总是名列前茅。常夏的班主任对她很有信心，认为常夏今后一定会有好的发展，便常常将自己的参考书借给常夏学习，鼓励她去更好的学校提高自己。在老师的帮助下，常夏考上了省会城市的一所高中。这就意味着，她要开始住宿生活。离开家乡来到省会城市上学，除了学费，住宿和吃饭无疑也需要一笔额外的费用。想到家里一直依赖田地生活，家乡同龄的小伙伴很多都已经不再上学，而是赵柯帮助家里分担生活的重担，常夏有些犹豫。班主任了解到常夏的想法，劝她不要因为一时的困难而放弃来之不易的机会，他还亲自跑到常夏的家里同常夏的父母交流，表示会尽可能地提供帮助。最终，在父母的支持和老师的鼓励下，常夏来到了省会城市的学校开始了高中生活。

很快，常夏告别高二，在夏天渐行渐远的碎步中步入一直以来向往的高三。常夏的心情既兴奋又忐忑：兴奋在于终于可以为自己的梦想开始真正的奋斗了；忐忑在于没有人知道这一年里会发生怎样的事情，有欢喜有悲伤，可能面临艰难的挫折与挑战，也可能遇到巨大的喜悦与希望。听过太多人感慨高三生活，常夏不禁好奇，曾经问过上一级的学姐高三生活到底是怎么样的，学姐这样对常夏说："很难用美好的、痛苦的来形容，不过只有一点我能确定地告诉你，就是那一定是难忘的。毕竟这样能够为梦想尽情奋斗的日子不多，你要好好珍惜。只要心怀梦想，它就能够成为你心中最强大的动力。无论受到什么挫折与打击，你有多么伤心沮丧，都要相信自己可以！"带着学姐的祝福，常夏开始了属于自己的不可复制的高三生活。乖乖地听着各科老师的安排进度，常夏一步一个脚印地充实着自己。在高三的每一次模拟考中都全力以赴、认真对待，而她的成绩也稳居前列。然而高考是一次完全不同于模拟考的体验，高考是每个人独一无二的人生体验。之所以这样说，是因为没有一次的模拟考可以真正模拟出高考的感觉。常夏深知到了这一个阶段，其实每个人积累的知识都差不多了，高考完全是发挥的问题，而临场的发挥又与自己的心态密不可分。因此，她劳逸结合，以一颗平常心应对高考。功夫不负有心人，常夏如愿考入了理想的大学，成了家乡的骄傲。

从紧张压抑的高中毕业，常夏享受着丰富多彩的大学生活，积极参加各种校园活动。在同学们的印象中，她平时穿着很朴素，但一直乐观开朗，对同学很热情，每天脸上都挂着微笑。时光飞逝，转眼4年美好的时光就过去了。毕业生都已找到各自的出路：要么步入社会开始工作，要么继续留在学校深造。常夏也不例外，由于大学4年学习成绩优秀，她被保研到本校继续深造。

4月，就在常夏准备在毕业前的最后两个月通过实习来提高自己时，母亲的一个电话让她失去了轻松的心情。原来，父亲因为劳累过度倒下了。虽然之前一直身体不舒服，但父亲都默默忍受着，这次终于支撑不住进了医院，母亲才不得不将这件事告诉了常夏。常夏立刻就赶回了家，看着父亲虚弱地躺在床上，她暗下决心："我要去工作，赚钱孝顺父母！"常夏家并不富裕，大学4年都靠父母不多的收入和自己勤工俭学支付学费和生活费，以前父亲身体健康时还可以勉强支撑，现在的父亲已经不能再干重活了，常夏希望通过自己的努力挑起家里的重担。虽然学校可以提供奖学金和助学金，可是明知父母没有生活来源，自己怎能安心念书？于是看着愁眉不展的父母，常夏向父母说出了自己的这种想法，没想到父母坚决不同意：家里还有些积蓄，可以负担一些常夏读书的费用，实在不行，可以跟亲戚朋友借钱。常夏大学4年成绩优异才能有保研的这个机会，不能就这么放弃了。然而，常夏不想再让父母为了自己低声下气地去借钱了，而且她也不想让父母再这样辛苦地生活下去了。最终，常夏放弃了这个让很多人羡慕不已的保研机会，同时为了更好地照顾父母，她将找工作的范围定在了家乡。就这样，求职生涯开启了。但是，信心满满的常夏一无所获，由于原本保研的她并未想过工作，早已错过了求职投简历的最佳时机，用人单位基本在毕业季几个月前就已经招满人了。优秀的常夏空有知识却无处使用，心中的懊恼可想而知。

每次找工作回到家中看到父母殷切的目光，常夏就更加着急。这一天，跑了两个公司求职的常夏得到的答复都是"不好意思，你很优秀，可是我们的岗位已经满了，不再需要人了”。晚上常夏疲惫地躺在自己的小床上，辗转反侧，脑中一直盘旋着“怎样才能找到工作”这个问题。突然，白天求职的一家公司的员工的一句话提醒了她，那位员工看她一个小姑娘在这么热的天气里四处奔波，因为找工作急得满头大汗，就给她出主意让她去大城市试试，那里可能有的公司还需要人。当时她急着赶去下一家公司，对这个建议并没有多想，现在静下来仔细想想也不失为一个办法。常夏还记得以前和同学闲聊时经常会聊到的有关工作去处的话题，有些人选择留在熟悉的家乡过稳定的生活，有些人则希望去大城市见见世面闯出一片天。一提到去大城市工作，难免会想到竞争压力和生活压力。不过，大家也都觉得大城市虽然生活压力大，但工作机会更多。现在，常夏没有时间考虑太多，当务之急是找到工作赚钱养家。既然自己急需工作而家乡又没有合适的机会，不如去大城市发展试试看，于是第二天一早便将自己的想法告诉了父母。

父亲知道常夏一直都是一个有主见的孩子，从小到大从未让家里操过心，看到常夏每天早出晚归忙着找工作很是心疼，拍着常夏的肩膀对她说：“我支持你。既然大城市机会多你就去吧。”母亲也说：“对，你就安心去找工作吧，不要担心我们。”叮嘱父母照顾好身体，常夏简单收拾了行李，就踏上了开往北京的火车，满怀着顺利找到工作解决家里的燃眉之急，通过努力作出一番事业的希望。

初到北京，事情并没有想象的那样容易。这里的公司很多，用人需求量也大。但由于没有工作经验，常夏在找工作的过程中四处碰壁，她很灰心，甚至怀疑自己来北京发展的决定是否正确。一想到家里满怀期待的父母以及从家乡出来时的豪情壮志，常夏重新振作了起来，年轻是她最大的资本，趁着年轻多磨砺一下未尝不是一件好事情，相信只要努力坚持一定会有所收获的。刚来北京时身上带的钱已经不多了，她首先要面对的问题是如何养活自己。常夏仔细想了想，认为不要想着一口吃个胖子，先找到一份能支撑自己在北京生活的工作最为重要，在北京站稳了脚跟、获得了一定的工作经验后再去寻求更好的发展。接下来就要考虑找一份怎样的工作，通过和找工作过程中认识的朋友交流，常夏觉得销售是一个不错的选择：一方面销售很能锻炼新人的工作能力，另一方面工资会随着工作业绩的提高而增加。这样一举两得的工作正合适不过。

下定决心后，常夏开始搜集各个公司的相关信息，以前做学习委员的经历让她对整合信息很有一套，经过多方权衡，最终鼓足勇气向一家待遇和工作环境都不错的公司投出了简历。等待的过程是难熬的，短短的几天就像过了几个月那么久，常夏不禁害怕这次尝试也是石沉大海。她在忐忑的心情中仍然不忘了解公司的历史和文化，在网上寻找面试经验，为面试做了充分的准备。机会总是留给有准备的人，心仪的公司终于联系常夏来面试了。面试中当考官问她为什么选择来到北京打拼时，常夏也真诚地作出了回答，不卑不亢，表现出色，最后脱颖而出，成功进入该公司开始了自己的第一份工作。毕业后这几个月应该是常夏最难熬的日子了，早出晚归却四处碰壁，疲惫不堪却深夜无眠，但这一切的辛苦终于有了回报。她兴奋地打通了家里的电话，将这个好消息告诉了父母。

后来在和企业主管的一次聊天中，常夏才知道单位之所以选择没有工作经验的她，就是看中了她的“有备而来”和“面带笑意”。原来，公司有独特的发展史和文化，常夏正是在面试前深入了解了企业的相关信息，从容地回答考官的问题，并且在面试时真正做到了公司的口号“微笑待人”，这份勤奋和亲和力正是销售所需要的。就这样，常夏满怀热情地跟着公司的前辈学习，工作十分努力。

一转眼两年过去了，常夏不再是一个懵懂的职场新人，相反，聪明的她渐渐地适应了职场生活。除此之外，工作期间她的认真和敬业深受上司的喜爱。从事销售的工作也确实如常夏所期待的那样让她学到了很多，无论是交流技巧还是工作技能。而这份工作也让常夏有了稳定的工资，不光可以支付自己的生活开支，而且每月都能汇给父母生活费，甚至在节日还能买一些小礼物送给父母。

农历七月初七是常夏母亲的生日。想着母亲一直为家里付出，很少给自己买东西，常夏想要送给母亲一套护肤品当作生日礼物。刚巧，公司旁边的商场为了庆祝七夕节搞活动，常夏便利用公司午休的时间到该商场买了盒润肤霜，这个品牌是公司较为年长的同事推荐的，说是对延缓衰老、淡斑祛斑很有效，所以常夏很放心地购买了这盒润肤霜，当天就将礼物快递回了家乡。几天后，常夏的母亲就收到了礼物，先是说送给她润肤霜太浪费了，她也用不到，还不如留着给常夏用。常夏却不这么认为，她耐心地对母亲说："妈，您操劳了这么久，是时候该多关注自己了。我咨询了同事和导购什么护肤品适合您，他们一致推荐这款，您就试试吧。"常夏的母亲开心地在电话中答应："晚上就用润肤霜，明天跟你汇报使用效果。"听着母亲愉快的语气，常夏特别有成就感，为自己能让母亲高兴而感到自豪，心情也受母亲感染，高兴地哼起了小曲。

然而，令常夏没想到的是，第二天母亲郁闷地告诉常夏她根本就不适合用润肤霜。常夏连忙询问怎么回事，仅仅过了一个晚上，母亲的心情就有了这么大的改变。原来，前一天晚上洗漱过后，常夏的母亲就使用了新买的润肤霜，不料第二天一早起来发现自己脸上长出了很多红色的疹子。常夏先让母亲去医院就诊并且不再使用那瓶润肤霜，随后赶到商场去质问为什么会有这种情况。商场的售货员表示是第一次听到有这种情况，他们销售的润肤霜都是由正规渠道购买的，肯定没有问题，并告诉常夏有问题可以咨询润肤霜的生产商。常夏便电话联系了润肤霜的生产商，很快生产商就给出了自己生产的润肤霜没有质量问题的答复。看着母亲发过来的满脸红疹的照片，常夏觉得一定要有一个说法，便将使用过的润肤霜送交有关部门检测，确认了常夏母亲使用的润肤霜已经变质。常夏再次来到商场，将检测结果告知商场负责人，经过仔细调查，润肤霜本来并没有问题，但因为商场最近装修，将一批化妆品随意堆放，常夏所买的化妆品经过日光的暴晒已经变质。商场最终也承认了自己的过错，正是由于商场在装修时没有注意妥善保管商品，使润肤霜变质并销售，损害了常夏母亲的权益，造成了常夏母亲的脸部红肿。《侵权责任法》第四十二条规定："因销售者的过错使商品存在缺陷，造成他人损害的，销售者应当承担侵权责任。”最终双方协调之下，商场赔偿了常夏母亲的损失。

经过住院治疗，常夏的母亲终于恢复了健康。虽然母亲已经康复并得到了相应的赔偿，常夏还是感到既抱歉又内疚，原本想让母亲生日高兴一下，却无心之下让母亲遭受了病痛的侵害，所以常夏趁着周末赶回家去看望母亲。见到母亲，常夏不好意思地说：“妈，我真的没想到送您的礼物会是这样，对不起。”“你是出于孝顺才送我生日礼物，而且你也不知道润肤霜有问题呀，再说现在我的脸也没事了。你能想着给妈妈买礼物，妈高兴还来不及呢。”常夏母亲笑着说。常夏搂着母亲说道：“您为我、为这个家付出了那么多，现在我长大工作有能力了，孝顺您和爸是应该的。为了补偿您，这次我陪您去逛街买衣服！”常夏母亲幸福地应着说好。

## 12. 学生打闹惹风波　学校也需负责任

2001 年宋天大学毕业，毕业后一直忙于工作。宋天的父母自从 2005 年相继退休后看到同龄的邻居们都带着小孙子、小孙女散步游玩很是羡慕，尤其是当节假日看着邻居阖家欢乐，自己家却格外冷清时，难免对宋天的婚事着急。其实宋天有稳定的女友，双方父母对两人都很满意，期待两人尽快完婚，但两人总是以先打拼事业为由拖延结婚日期。久而久之，宋天的父母渐渐不再像最初那样偶尔劝说，反而在与宋天聊天时总是离不开结婚的话题，强调“成家立业”要先成家才能立业，还特意将宋天已经成家的朋友当例子催促他尽快结婚。终于，禁不住双方父母的坚持，2006 年宋天与相恋 7 年的女友王希步入婚姻的殿堂。第二年，两人爱情的结晶宋然出生了，宋天与王希都是独生子女，这个孩子的出生无疑牵动着两个家庭老人的心。在孩子出生前，两家的老人就早早备好了各种婴儿用品，做好了照看小孩的准备。盼望已久的孙子的到来，给生活寂寞的老人带来了新的乐趣。

很快，王希休完产假就回到公司继续工作了，虽然不能时时陪在儿子身边，但只要想到为了能让儿子有更好的成长环境，王希就干劲十足。除此之外，双方父母对宋然照顾得无微不至，宋天和王希很放心，心无旁骛地专注各自的事业。

宋然的童年就在爷爷家和外公家快乐地度过了，老人家很宠溺这个唯一的孙子，对宋然的要求总是尽可能满足，甚至在他调皮被父母教育时总是袒护他。宋天不止一次因为孩子的教育问题与父母争论，每次都反被父母教训一番：“你小时候比他还要淘气，我们怎么没像你对宋然这样对你？再说，现在的小男孩哪个不调皮捣蛋，他正处于这个年龄段，以后长大了自然就会懂事了。”听着父母的回应，宋天每次都很无奈，自己和妻子这些年对宋然的照料远不及父母，年迈的父母的生活重心几乎都放在宋然的身上，可谓“捧在手心怕化了”，也正是父母对他们小家庭生活上的帮忙，才使得他们夫妻有了事业上的进步。因此，出于对父母的感激和愧疚，明知父母这样在宋然犯错时一味维护他是不对的，但宋天还是默默地接受了。这就使得小小年纪的宋然有些任性，做事情总是按自己的想法来，宋天有时候也会跟妻子讨论这件事，王希也觉得这不利于宋然以后的成长，但又无可奈何，两人只能寄希望于在宋然年龄再大一点将他送进学校接受老师的教育，这个问题就会得到解决。

时光飞逝，很快就到了宋然 6 周岁的生日。过了 6 周岁，宋然就可以上小学了，也算进入人生中比较重要的一个阶段。因此，全家人为他过了一个盛大的 6 岁生日。为了宋然能够接受良好的教育，宋天一家商量是否将他送入一所私立学校，这所私立学校学费较高，但在本市的学生家长间口碑很好，无论是师资力量还是配套设施都堪称数一数二，宋天的父母极力建议宋然去这所小学，并表示不要担心学费问题，他们可以承担宋然的学费。多年来父母照料宋然，现在宋然到了上学的年纪，怎么能连学费都让父母承担呢？宋天和王希坚决拒绝了父母的好意，但听从了父母的推荐。就这样，9 月宋然便成为该所私立小学一年级的学生。

开始的时候，宋然很不适应校园生活，早起去上学，又要按照学校的铃声安排一天的时间，这跟以前随自己意愿起床、玩耍、休息的生活相差太大。没几天，宋然就哭闹着不要去学校了，但令他没有想到的是，一直对他百依百顺的爷爷奶奶这次没有顺他的意，一定要他去学校。每当宋然发脾气表示不再去学校，宋天都想好好地教育他一顿，但这时候宋天的父母就会跑出来制止他，然后再以给宋然买零食或者买玩具为诱饵劝宋然去上学。然而，长期下去也不是办法，这天，王希将宋天和他的父母叫到一起讨论对宋然的教育问题。眼看双方还是各执一词，最后王希说道："爸妈，我知道你们很爱宋然。但是他已经上小学了，不能再像小时候那样溺爱他。适时地给他讲道理，让他明白是非才能让他更好地发展。这不也正是你们希望的吗？"听了王希的话，宋天的父母反思了自己的做法，确实，随着年龄的增长应该对宋然严格要求一些，这才是真正对宋然的未来发展有所帮助。就这样，宋天一家对宋然的教育问题达成了一致，由于宋然最喜欢妈妈而且也最听妈妈的话，于是决定由王希来跟宋然谈谈。晚上宋然放学回到家，郁闷地跟爷爷奶奶抱怨学校无聊，再一次吵闹着不要去上学。这一次，王希将宋然拉到身边坐下，耐心地对他说："然然，上学其实是很有意思的，既可以学到知识又可以交到朋友，爸爸妈妈、爷爷奶奶像你这么大的时候也都在上学。你总是说羡慕爸爸能去各地出差工作，没有知识和能力可实现不了。如果你能在学校认真学习，和同学们好好相处，将来就能像爸爸一样。""真的吗？我如果听话乖乖去上学，长大后就可以像爸爸一样吗？""当然了，你自己慢慢就会发现上学的乐趣的！"王希的回答无疑对以爸爸为偶像的宋然很有效。刚过9点，为了第二天能准时上学，宋然就早早睡觉了。

自从王希与宋然讲明道理后，宋然表现得很好，每天按时上学放学，再也没有提过不去上学的事情，连班主任都发现了宋然的变化，不仅上课认真听讲，而且课间积极与同学交往。看着越来越懂事的宋然，宋天的父母感到很欣慰，也很庆幸采取了王希的方法——遇到事情只要讲清楚道理，小孩子认可后自然就会听话，而不是一味地溺爱或是训斥。宋然在晚饭时都会将在学校的趣事讲给家人听，每次大家都被逗得哈哈大笑，晚饭时光成了一家人最为期待的时间。

几天后，宋然在晚饭后自豪地跟家人展示着自己在学校手工课上做的小风车，看似不结实的纸风车随着宋然的手的移动而转动不停。宋天笑着夸奖宋然："做得很不错。在学校不光要学习课本上的知识，提高动手能力也很重要。""嗯，我和丁羽在课间经常做手工。他有一本折纸的书，我们已经成功折出了青蛙、仙鹤，特别好玩。"王希看着儿子兴奋的脸，摸着他的头说："妈妈说的话没错吧，上学有很多乐趣的。多与同学们聊天，有意思的事情你们可以一起做，妈妈支持你。""真的吗？我正想跟您说呢，我和丁羽想一起种花，然后观察并记录花的生长过程。我能周末邀请丁羽来我们家做客吗？""当然可以，妈妈明天下班后就帮你们买花盆和种子。"宋然一把抱住王希，大声说道："谢谢妈妈！您真好！"

第二天，宋然就将这件事告诉了丁羽，两人都期待着周末的到来。宋然和丁羽自从开学以来就是同桌，由最初的不熟悉到宋然听妈妈积极与同学交往的话后主动与丁羽讨论问题，短短一个多月，两个人变成无话不谈的好朋友。宋然经常用妈妈的话来鼓励丁羽用功读书，丁羽也会将自己喜爱的课外读物带到学校与宋然分享。这次的种花计划就是丁羽的想法，丁羽告诉宋然，花店里的花束确实都很漂亮，但自己亲手种花可以了解花是怎样从一颗种子长成美丽的花朵，肯定更有意思。

很快，周末一早，丁羽随妈妈一起来到了宋然家。丁羽的妈妈和宋然的妈妈一见如故，愉快地一边聊着家常一边为两个孩子准备大餐。而宋然和丁羽依靠查到的资料按步骤种好了花，并约定由宋然负责照料并记录花的生长。两人忙完种花的事情，就听到妈妈叫他们吃午饭。可能是完成了计划的任务，成就感让宋然觉得今天妈妈做的饭菜更加美味了。随后，宋然都按照与丁羽的约定详细记录了花的生长情况，亲眼见证花盆里钻出了一个小芽。这些变化宋然都会在第二天讲给丁羽听，两人一起计划着将长出的花朵送给妈妈。然而，没想到关系很好的小伙伴也正是因为这盆花闹了矛盾。

一天下午第一节课下课后，宋然骑坐在教学楼楼梯扶手上，等着丁羽上厕所后一起回教室，丁羽很羡慕宋然可以亲历花的生长，也想亲眼看看，提议把花拿到自己家养一段时间，可宋然觉得总是移动对花的生长不好便拒绝了。于是丁羽在宋然身上摸了一下，宋然因为怕痒，身体本能地发生摇摆，继而身体失去平衡从楼梯扶手上滑下摔倒。丁羽和另一名同学赶忙将宋然扶到教室。由于当时伤情并不明显，老师知道后，简单询问了一下就继续上课。第二天，宋然被送往医院治疗，诊断为右肱骨髁上骨折，住院 31 天，用去医药费上万元。宋然的伤经司法鉴定机构鉴定构成九级伤残。

随后，宋然的父母将丁羽及两人所在的学校起诉到法院，认为丁羽的行为给宋然造成巨大的经济损失和精神痛苦，依法应对宋然进行赔偿。同时两人所在的小学未尽到教育、管理和保护救助的义务，也应对宋然的损失承担赔偿责任。

《侵权责任法》第四十条规定："无民事行为能力人或者限制民事行为能力人

在幼儿园、学校或者其他教育机构学习、生活期间，受到幼儿园、学校或者其他教育机构以外的人员人身损害的，由侵权人承担侵权责任；幼儿园、学校或者其他教育机构未尽到管理职责的，承担相应的补充责任。”丁羽作为直接实施侵权行为的自然人，应当承担直接侵权赔偿责任；而学校所承担的是补充赔偿责任。丁羽是宋然受伤的直接侵权人，学校应当知道在校学生均为限制民事行为能力人，他们心智不成熟，好动且控制能力弱，喜欢打闹嬉戏，极易发生人身伤害，但学校在课间未采取监管措施，避免损害的发生。宋然受伤后，学校老师也未及时送宋然去医院检查、就诊，可以认为学校在主观上有过错，客观上未尽安全保障义务，因此学校应承担补充赔偿责任。

关于学校补充赔偿责任的承担范围也有相关规定，幼儿园、学校或者其他教育机构的补充赔偿责任的额度，不是以直接侵权人应当承担的赔偿责任的总额为限，而是根据其过错程度应当承担的赔偿责任的额度为限。但许多情形下，幼儿园、学校或者其他教育机构的赔偿责任范围要小于直接侵权人的赔偿责任范围。首先确定丁羽的法定代理人即他的父母，承担直接赔偿责任，如果丁羽的父母在规定的时间内没有能力承担，才由幼儿园、学校或者其他教育机构承担补充责任，并且在承担补充责任后，可以向丁羽的父母进行追偿。

值得注意的是，补充赔偿责任不等同于连带责任。连带责任要求每个债务人都负有对债权人清偿全部债务的义务。连带责任还存在各债务人之间的分配和追偿问题。补充赔偿责任涉及侵权行为，有终局的责任承担人，因而发生单向的追偿权，即实际承担补充赔偿责任的债务人可以向终局责任承担人行使追偿权。丁羽的法定代理人即他的父母承担终局责任，学校只有在丁羽的父母在判决生效后10日内未执行判决内容时，承担补充赔偿责任后，可以向丁羽的父母进行追偿。

事情发生后，丁羽一家就对宋然感到很抱歉，极力想要补偿宋然，尤其丁羽的父母多次来到医院探望宋然。学校的相关负责人也来到医院向宋然一家表示学校在这次事故中处理不当，应负起相应责任。最终，法院判决：丁羽的法定代理人于本判决生效后 10 日内赔偿宋然各项损失 37603 元；如在判决确定的期限内丁羽的法定代理人未履行上述义务，则某中心小学赔偿宋然各项损失 16115 元。

在宋然住院期间，宋然的家人都很心疼，但妈妈王希在心疼之余不忘告诫宋然要吸取教训，平时注意安全，避免再受伤害。而丁羽在知道宋然受伤后就一直很内疚，但怕宋然生气而不敢去看望他，最后在妈妈的鼓励和陪同下来到医院表达了歉意。王希早就告诉宋然，朋友间不能因为一些小事影响感情，有问题就要互相商量。于是，在丁羽不好意思地道歉后，宋然拉起丁羽的手说道："不能因为这次的事情影响我们的友情，今后我们还是好朋友，要一起种更多的花。"

# 13. 电烤箱发生爆炸　查阅法规勇维权

杨敏是家中长女，自幼聪慧懂事，她比她的妹妹大两岁，在她小的时候就能照顾妹妹。杨敏的学习成绩在学校一直很棒，很少让父母操心，后来她大学毕业后又顺利考上了研究生。在复习考研的过程中，因为杨敏经常去同一个教室复习，认识了同在这个教室学习的李强，李强见到杨敏的第一眼就对她心动了，这就是传说中的“一见钟情”吧，似乎他多年等待的就是杨敏这个人，而且杨敏学习刻苦努力，人又和善爽快，真是个不可多得的好姑娘。但是因为两人都在复习备考，李强把这份喜欢的感觉放在心底，不想说出来耽误两人紧张的复习进程。他想着能帮杨敏打一杯水，帮杨敏占个座位，能每天在教室里看到她，就是很开心的事了。李强暗暗下定决心，一定要好好努力，杨敏要考北京的研究生，他也要考上。杨敏也注意到了李强对自己的关心，李强阳光帅气，1 米 83 的个头，长得精神又很真诚，教室里好多女生都忍不住多看他几眼，杨敏也不例外，但她想这个阶段他们还是应以学业为主。

终于，考试结束了。李强约杨敏在校园里散步，两人溜达着，杨敏问李强：“你找我有什么事要说吗？”李强鼓足勇气对杨敏说道：“杨敏，不知道你对我是什么感觉，咱们这么长时间在一个教室复习考试，我很早就喜欢你了，你能给我一个机会，让咱们互相了解，让我照顾你吗？”李强说完以后，期待地看着杨敏，他看到的是杨敏笑意盈盈的眼睛，原来杨敏也很欣赏李强，两个人两情相悦，就这样走到了一起。成绩公布以后，两人都顺利地通过了笔试，经过面试环节，来到北京读研了。

研究生要毕业了，杨敏去了一家报社上班，而李强顺利进入一家很不错的证券公司，工作很忙碌，但是发展前景很好，工资也非常可观。正式工作不久，两个年轻人就领证结婚了。两个人工作都很拼，结婚之后说好过几年再要小孩，这段时间两个人好好发展自己的事业。再说北京的房价太高了，也得过几年才能买得起房。工作三年之后，两人终于攒了一些积蓄，加上家里的帮助，买了一套两居室，两人的宝宝小凡也出生了。两人的工作太忙了，家里一定要有人来带小孩才行，杨敏的妈妈张阿姨就过来了。

张阿姨特别喜欢做面食给杨敏姐妹俩吃，后来杨敏和妹妹都在外念书，总是吃外面的饭，杨敏着实想念妈妈做的饭，特别是妈妈拿手的面点。记得以前，妈妈总是在一口大锅上做饭，要细心掌握火候和时间。夏天的时候，妈妈额头冒着汗，忙来忙去地蒸了一锅又一锅面食，真的好辛苦。杨敏决定给妈妈买一个电烤箱，这天周末，她来到丽华商场选购了一款知名的电烤箱，提回家以后，妈妈很高兴，但是自己从来没用过，总觉得不敢下手。杨敏对妈妈说："妈，你也上年纪了，该用一些家用电器来省省力气了，你不会用，我教你啊，你学几次就会用了。"妈妈学东西很快，在杨敏教了两次之后，她就慢慢地用习惯了。

周末天气很热，杨敏和李强带着小凡去游泳了。小凡还不会游泳，用着小救生圈，在水里欢快地嬉戏着，大叫着："爸爸，妈妈，好好玩啊，咱们下次还来游泳吧。"看着女儿这么开心，杨敏和李强也很高兴，两个人工作都很忙，平时下班回来到家已经 9 点了，孩子总是不睡觉等着爸爸妈妈回来给自己讲睡前故事，可是他们上了一天班很疲惫，常常简单讲一个故事就困得撑不住了。两个人这样忙于工作，虽然说是为了给孩子提供更好的物质条件，可是孩子的成长只有一次，转眼小凡已经 3 岁了，对她的陪伴实在太少，夫妻俩都觉得很内疚。

游了两个小时，一家三口都觉得有些累了，刚回到家就听张阿姨说："回来啦？饿了吧，我已经发好了面，一会儿就用烤箱做面包给你们垫垫肚子。"杨敏高兴地对妈妈说："妈，您太贴心了，我们这会儿啊，是又累又饿，太需要您的面包了。一会儿我跟您一起做。"张阿姨笑着说："不用了，我一个人一会儿就做好，你帮着做我还嫌你添乱呢。"

张阿姨从发面盆里拿出发好的面，揉好面整好形，等第二次发酵好就去预热烤箱了，调的是上下火 180℃，刷好蛋液就去开烤箱门把面包放进去，结果一瞬间，那烤箱门就爆炸了，玻璃飞溅了一地，幸好张阿姨当时去准备下一炉的面包了，如果是站在烤箱正对口，后果不堪设想。家里还有一个 3 岁大的小凡，幸好孩子当时也在另一个房间。这个烤箱一共才使用过 10 次左右，就发生了爆炸，像大多数人一样，做蛋糕或面包的时候家里人总喜欢隔着玻璃看烘烤得怎样了，如果那个时间发生爆炸，简直不敢想象。小凡听到爆炸的声音，吓得哭了起来，杨敏和李强也赶紧过来看，发现张阿姨没有受伤，总算松了一口气，可是这电烤箱竟然有这么严重的质量问题，真是太让人气愤了。杨敏立即拍了照片，当天就和李强去丽华商场找售卖这个电烤箱的专柜要求退货。可售后部门居然不同意退货，只同意维修，而且烤箱不属于上门维修家电，要自己去维护点维修。李强和杨敏更是气不打一处来："你们的产品发生了这么严重的质量问题，你们还这样一副事不关己的态度，难道这跟你们没有关系吗？"

可商场售货员一直拿公司的规定说事："对不起，这是我们的规定，我也没有办法。"杨敏和李强什么问题也没解决，气呼呼地回家了。经过查阅相关的法律规定，他们发现《产品质量法》第四十七条规定，因产品质量发生民事纠纷时，当事人可以通过协商或者调解解决。当事人不愿通过协商、调解解决或者协商、调解不成的，可以根据当事人各方的协议向仲裁机构申请仲裁；当事人各方没有达成仲裁协议或者仲裁协议无效的，可以直接向人民法院起诉。找到了法律规定，说话总算硬气了，杨敏打算再去一趟商场，找经理解决这件事，如果协商不成就走法律途径。

这周末，杨敏来到商场，找到专柜的店员，让她找来经理，对经理说了自己买电烤箱回家没用几次就发生爆炸的情况，要求赔偿，她对经理讲明，《产品质量法》第二十六条规定，生产者应当对其生产的产品质量负责。

经理对杨敏说："女士您好，电烤箱发生这样的质量问题，我确实很抱歉，我以后会更严管进货渠道，确保不会再发生这样的情况，但是对于该产品对您造成的损害进行赔偿的事宜，恐怕您只能去找该产品的生产厂家了，我们只是销售者，是不能承担赔偿责任的。"杨敏说："刘经理，我还要再对你普一下法，作为产品的销售者，你这种不负责任的说法也是不符合法律规定的。《产品质量法》第四十三条规定，因产品存在缺陷造成人身、他人财产损害的，受害人可以向产品的生产者要求赔偿，也可以向产品的销售者要求赔偿。当然了，属于产品的生产者的责任，产品的销售者赔偿的，产品的销售者有权向产品的生产者追偿。所以你对你销售的瑕疵产品是应该承担责任的。你承担责任之后可以向产品的生产商要求赔偿。法律规定我已经跟你说清楚了，你看咱们是协商解决，还是先仲裁后诉讼呢？”经理一听，如果走诉讼程序，自己这家店的声誉将会受到非常不好的影响，所以决定与杨敏协商解决，退货后赔偿了杨敏 3000 元。

在产品责任纠纷中，消费者需证明的事项一般包括 4 个方面：一是购买物的同一性，即消费者所称的瑕疵产品为生产者、销售者所生产出售的产品；二是产品存在质量缺陷或不符合安全标准；三是产品的质量缺陷造成了消费者财产和人身损害；四是损害和产品质量缺陷存在因果关系。对第一点的证明，一般可以通过购买凭证、证人证言、监控视频等证据证明。对第二点的证明，只需初步证明产品在具有使用性能、符合安全标准等方面存在瑕疵即可。消费者可以通过产品的相关证书和说明、生产销售者广告宣传、相关国家标准和行业标准，以及专门鉴定机构的鉴定进行证明。对第三点的证明，消费者可以瑕疵商品本身，遭受人身损害的医疗费、误工费、交通费等单据，遭受财产损害的财产价值凭证，相关鉴定意见等作为证据证明。对第四点的证明，可以通过损害发生前后情况对比、专门鉴定意见以及合理推理来证明。

# 14. 燃放烟花受伤害 诉至法院获赔偿

对于很多人来说，春节燃放鞭炮是一件幸福的事情。一家人过年团聚在一起，放鞭炮吃年夜饭，真是温馨又喜庆。可是鞭炮也不得不让人担心它的安全问题，一不小心可能会受伤。

杨严是一名来自山东威海的“80后”，他是一名勤奋上进又相当聪明的青年。在上大学期间，有一次杨严在操场打篮球，篮球滚落到操场边，他过去捡球，就在抬起头的一瞬间，他看到一个扎着马尾辫的女孩经过这里，她正好也看到了自己，对自己很友好地笑着，很清新又充满了善意，正是杨严喜欢的类型，那一瞬间，杨严感觉自己的世界都被点亮了，来不及多说什么，他又回到了球场，和同学们继续刚刚的篮球赛。可是那个影子挥之不去，杨严多么希望能再遇到那个女孩啊！

这天，杨严去图书馆，他的一本书掉到地上了，后面的一个姑娘捡起书来，叫住他说：“同学，你的书。”让杨严兴奋的是，这正是那天在操场上让他心动的那个姑娘。杨严这次怎么也不能放过这个机会了，他约姑娘晚上一起吃饭。原来，姑娘名叫李芷，是法学院的同学。没想到的是，都不用杨严自我介绍，姑娘已经认识他了，原来杨严之前参加学校的辩论赛，李芷去看过，当时就被杨严的条理清晰、逻辑严密和反应快速所折服。也许这就是所谓的“命中注定”吧，并没有刻意地去遇见，却因一个眼神结缘。当然，两个人并没有这么快就在一起，只是两个互相欣赏的人像朋友一样认识了。

李芷出生在重庆的一个知识分子家庭，父亲是一家工厂的高级工程师，母亲是一家报社的编辑。来大学报到前，父亲曾叮嘱她以学业为主，多参加活动拓展视野，但是与她“约法三章”，上学期间不许谈恋爱。漂亮的李芷总是有一种独特的气质，让你在人群中一眼就注意到她。但是李芷一直埋头学业，于是到大三，还从没有谈过恋爱。杨严机智幽默，对许多事情都有自己风趣又睿智的见解，与他聊天，从不会没有话题可聊，两个年轻人后来经常见面，一起聊天、散步、打羽毛球，校园间不经意又多了一对默契的身影。李芷本来文静内向，在陌生人面前不爱说话。跟杨严认识后，受到他的影响，李芷也变得活泼开朗起来。

大四毕业前夕，因为杨严和李芷都考上了研究生，毕业前的这段日子就没有什么压力，论文也答辩结束了，大家的聚会就多了起来。一天，杨严和李芷一起吃饭。吃到一半，杨严很严肃地对李芷说："李芷，我虽然表面上看起来阳光自信，但是内心也有很多苦恼。"李芷赶忙问："有什么不开心的事，说出来，我帮你分析一下。"杨严说："我喜欢一个女孩一段时间了，其实，从见到她的第一眼起，就喜欢她了，我想向她表白，但是怕她拒绝我，那样我就没有勇气再见她了。"因为杨严严肃的表情，单纯的李芷一点儿都没有想到是自己，她只是心中一阵阵失落，原来杨严有自己喜欢的女生了啊，李芷有点想哭，但是她忍住了，沉默了一小会儿说："如果你那么喜欢她，就勇敢地对她说出来吧。你这么优秀，我想她应该也会欣赏你。如果不说，可能会错过一段美好的恋情啊。"看着李芷委屈又极力忍住的表情，杨严有点儿想笑，但是他也忍住了，他明白了，李芷不仅仅是欣赏自己，她也是喜欢自己的。杨严给李芷倒了一杯水，对她说："再过两周就是我的生日了，你会给我送生日礼物吗？"李芷点了点头问他："你想要什么礼物？"杨严深情地看着李芷说："我想要你做我的女朋友，可以吗？""你刚刚不是说你有喜欢的女生，还让我开导你吗？""傻瓜，我喜欢的女生就是你啊，你难道一点儿都没有察觉吗？"李芷甜蜜地笑了，杨严紧紧地攥住李芷的手，这一对可爱的人儿就这样在一起了。

后来他们一起到北京读研，毕业结婚之后，李芷找到了律师事务所的工作，成了一名实习律师，杨严则去了一家研究院。两人的生活平实又快乐。后来李芷生下了一个男孩，小宝宝是个乐天派，生下来就美美地笑着，睡觉也很舒坦的样子。大家都很喜欢他，杨严给宝宝取名浩浩。浩浩 6 个月的时候，要过春节了，一家人一起回到山东老家过春节。

过年都要放烟花爆竹庆祝，放了烟花爆竹才有过年的味道。今年杨严的爸爸说为了庆祝小浩浩出生，更要多放一点儿。小时候都是爸爸放烟花，如今杨严将这个"重任"接了过来，他用打火机将烟花引线点着，一开始爆竹似乎并没有被点燃，杨严走过去检查，正在这时爆竹发生了爆炸，还好杨严跑得快，但是他的右手也被炸伤了，眼睛也轻微受伤。家里人急忙将杨严送往医院进行处理并包扎，年夜饭都没怎么吃。好好的年假就让劣质烟花弄成这样，杨严很郁闷，到上班的时间他也不能按时回去，请了假在家休息。李芷跟他说不能就这么算了，要用法律武器来维护自己的合法权益。

杨严找到了卖给他们烟花的赵刚，赵刚说他进货的时候也不知道这烟花存在质量问题，他是从慧博公司进的孙家花炮厂生产的烟花，杨严可以去找他们。杨严向法院提起诉讼，诉请其在正常使用向赵刚购买的孙家花炮厂生产的烟花产品过程中，由于该产品的警示标志不明显，并且存在严重的设计缺陷，没有最基本的人身安全保障，导致自己右手受伤，在阖家欢乐的日子里发生这样的事故对一家人造成了精神损害，要求赵刚、慧博公司、孙家花炮厂承担医疗费及精神损害赔偿费 5 万元。

在产品责任纠纷诉讼中，被侵害人可获赔的范围包括缺陷产品本身、缺陷产品造成的其他财产损失；造成人身伤害的应赔偿医疗费、护理费、误工费、交通费；残疾生活自助具费、生活补助费、残疾赔偿金、丧葬费、死亡赔偿金。如果造成严重的人身伤害，被侵害人还可以请求精神损害赔偿。

法院经审理认为，本案是一起因燃放烟花爆竹引发的产品责任纠纷，因产品存在缺陷，导致他人人身或财产损害的，生产者或销售者应承担相应的责任。首先，涉案烟花爆竹属于缺陷产品。《产品质量法》第四十一条规定：“因产品存在缺陷造成人身、缺陷产品以外的其他财产损害的，生产者应当承担赔偿责任。”第四十六条规定：“本法所称缺陷，是指产品存在危及人身、他人财产安全的不合理的危险；产品有保障人体健康和人身、财产安全的国家标准、行业标准的，是指不符合该标准。”杨严提交的当地工商行政管理部门委托烟花爆竹产品质量监督检验中心对涉案同类烟花爆竹进行检验的检验结论为：引火线引燃时间项目不符合 GB10631−2013 标准规定的要求。法院在审理阶段与该检验中心检测部刘主任进行咨询，其答复是：“因涉案烟花爆竹已经过燃放，残缺不全，无法进行司法鉴定，但从当地派出所拍摄的现场照片中可以看出图片中的烟花爆竹存在散筒现象。”按照我国烟花爆竹组合烟花行业标准（GB10631-2013）的规定，组合烟花在燃放时不得出现炸筒、散筒、倒筒、冲底、断火等现象，发射升空的内筒不得出现低炸、火险等现象。故可以认定本案涉案产品是缺陷产品，涉案烟花爆竹存在缺陷与杨严受伤有因果关系。关于赔偿问题，法院认为，《产品质量法》第四十三条规定：“因产品存在缺陷造成人身、他人财产损害的，受害人可以向产品的生产者要求赔偿，也可以向产品的销售者要求赔偿。属于产品的生产者的责任，产品的销售者赔偿的，产品的销售者有权向产品的生产者追偿。属于产品的销售者的责任，产品的生产者赔偿的，产品的生产者有权向产品的销售者追偿。”据此，在外部关系上，产品的生产者、销售者对受害人承担的是无过失责任，二者对受害人成立的是不真正连带责任的关系，受害人有权选择方便和能够最大限度地满足其债权实现的债务人起诉。

杨严有权同时向生产者孙家花炮厂和销售者赵刚、慧博公司要求赔偿，赵刚、慧博公司作为缺陷产品的销售者与生产者孙家花炮厂承担不真正连带赔偿责任，现无证据证明该产品的缺陷是赵刚、慧博公司的过错造成的，故其在承担赔偿责任后，依法可以向孙家花炮厂追偿。但杨严作为完全民事行为能力人，其自身安全注意不够，且结合本案燃放烟花的要求，仍不能排除杨严在燃放烟花时未尽必要的安全注意义务，应对其受伤的后果承担相应的责任。综合考虑杨严对损害发生的控制能力及所应负的注意义务，酌情减轻赵刚、慧博公司、孙家花炮厂 20% 的赔偿责任。法院判决赵刚、慧博公司、孙家花炮厂承担对杨严 4 万元的损害赔偿责任。

拿到判决，杨严的心情很复杂，虽然胜诉了，但因为燃放烟花爆竹自己受伤了，耽误了工作不说，还让家人操心，这个年也没过好。从此一家人商量好，以后过年都不再放鞭炮了，一起吃个团圆饭，看看春节联欢晚会，也是很欢乐祥和的。

虽然杨严家里这样约定好，但是大多数人还是会在春节期间放鞭炮的。对这一部分读者来说，就一定要注意安全，如果要放鞭炮，一定要购买质量合格、正规厂家所生产的鞭炮，并且，孩子应在大人的陪同下进行玩耍，以免酿成不必要的悲剧。鞭炮发出的声音常常很大，威力也着实不小，有时候会有小孩子单独玩鞭炮，一旦遇到鞭炮走火的情况，其后果不堪设想。而燃放鞭炮所造成的事故这些年都经常发生。

除了有消费者购买烟花燃放发生爆炸之外，每年也经常会有一些烟花爆竹厂发生爆炸事故，造成爆竹厂的员工和附近的居民受伤甚至有人因此失去生命，令人痛心。烟花生产除了在生产阶段会出现危险之外，在运输、储备等过程中，都易产生险情，这更需要相关责任方提高警惕、拧紧安全这根弦。不难发现，每一起烟花爆炸事故后，相关部门都会出台相应机制，对相关企业、小作坊进行整顿、检查。然而，往往是摁下葫芦起来瓢，以至于每年年底的烟花爆炸新闻几乎成了“常规新闻”。每一起烟花爆炸事故，到底是哪些环节出了问题，需要查明原因、追究责任；而每一次整顿，不能浮光掠影、隔靴搔痒。因为生产安全事关群众生命财产安全。

我们每一个人都应该注意自身安全，如果确实想要燃放烟花爆竹，一定要从正规途径购买正规厂家的产品，在燃放的时候也应该注意安全。如果发生了安全事故，应该拿起法律武器维护自身的合法权益，不能忍气吞声，这只会助长那些劣质产品生产商的气焰，让他们有恃无恐。《产品质量法》和《消费者权益保护法》就是专门保护我们权益、打击假冒伪劣产品的法律，让我们好好学习这些法律，做一个学法、尊法、用法的好公民吧！

叁

# 劳动人事篇

# 15. 企业违法辞员工 依法维权有保障

魏淑娜出生于辽宁省沈阳市，是个典型的东北人。魏淑娜的父母是普通的职工，都在辽宁省一家火力发电厂里工作。他们所在的发电厂是东北地区第二大发电厂，在整个东北三省的电力供应方面占有举足轻重的地位。发电厂效益一直不错，虽然父母的工作很辛苦，但是工资收入稳定，家里的生活还算殷实。

魏淑娜家里一共有四口人，她还有个姐姐叫魏淑芬，姐妹俩是双胞胎，出生时间只差了40分钟，但是两个姑娘的性格差别却很大。姐姐魏淑芬早出生，她从小性格就比较内向，不是特别喜欢主动跟人说话，见到别人总是还没开口说话，脸就先红了。淑芬性格内向大家都知道，大学毕业后经媒人介绍相亲，很快就结婚成家了。婚后的淑芬成了一个不折不扣的家庭主妇，每天在家里处理家务，支持丈夫的工作，很少到外面应酬。

与姐姐相比，魏淑娜就完全不一样了，她的性格是外向型的，最爱和人打交道了。还在上小学的时候，如果家里来了客人，姐姐总是害羞，躲到里屋不敢出来。魏淑娜则会与父母一起热情地招待客人，一会儿拿出家里的水果给客人吃，一会儿又拿起遥控器调出他们爱看的电视节目。亲戚朋友都很喜欢魏淑娜，夸她将来肯定有出息。

魏淑娜的父母只上过小学，后来由于家里兄弟姐妹多，经济条件也不好，就都辍学了。他们没有机会多读点儿书就匆匆参加了工作，有了自己辍学的经历，就寄希望于自己的下一代，特别希望魏淑芬姐妹俩能够多上学、多读书，成为有文化的人。魏淑芬很听父母的话，学习一直很踏实，成绩稳定，最后被吉林某大学录取，成了家里第一个大学生。收到录取通知书的那天，全家都很高兴。父母捧着女儿的大学录取通知书，激动得眼泪都快出来了。母亲对大女儿说："好孩子，你可给咱家争光了！给咱们工人家庭争光了，我们也能培养出大学生来！"父母单位的同事也都为他们感到高兴，纷纷教育自己的孩子向淑芬学习。

魏淑娜从小很懂事，学习成绩也不错，但是她对学术研究没有兴趣，更擅长动手操作。有时家用的收音机、缝纫机出现故障，她也能摸索着进行修理。

姐姐经常说她像个男孩子，整天疯玩儿，一点也不淑女。但是看到她把家里的东西修得很好，也忍不住夸她的脑子灵活，动手能力强。

每当父母聊起姐妹俩将来的打算，魏淑娜总是对父母说："我不想上大学，我觉得搞学术研究太枯燥，就想学一门手艺，早点进入工作岗位，多历练历练。"魏淑娜知道，父母的工作并不轻松，长年累月高强度的体力劳动，使他们的身体不像年轻时候那么硬朗。如果父母要同时供她们姐妹俩上大学，还是有很大困难的。魏淑娜想早点工作，就是希望能够早点挣钱，接过父母身上养家的重担，让他们晚年的时候享一享清福。

1995 年 6 月，魏淑娜从初中毕业，她的中考成绩不错，本来可以选择沈阳当地的重点高中，但是她放弃了报考高中的机会，选择到沈阳当地的一家职业技术学校学习。父母感到很不能理解，亲戚朋友还有老师也劝她想清楚，这个关系到她以后的职业。但是魏淑娜没有丝毫犹豫，她告诉大家说她想学一门手艺，希望将来能够像父母一样在工厂里面工作。她不顾父母和姐姐的反对，毅然决然地到技术学校去报到了。

一般的女孩子到技校学习，都会选择幼师、音乐或者文秘等专业，这些专业比较符合女孩子的性格，将来也好找工作。但是魏淑娜在专业的选择上又让大家很意外，她在专业志愿征集表上写下了"电焊技术专业"。班上 30 多个学生，只有她是女生。带他们班的班主任耿老师说，他带了十几年的电焊班，还从来没有收过女弟子。魏淑娜不在意这些，她只是想通过努力学到喜欢的手艺，将来凭借一技之长养活自己。她从小就对电焊很感兴趣，觉得电焊工是一种很酷的职业，感觉在火花的闪现之间会有很多奇迹发生。

魏淑娜开始了在技校学习电焊技术的 3 年。真正接触到电焊，魏淑娜感到这项工作其实并不容易，要掌握很多门技术，不单单是将两个金属焊在一起那么简单。于是，她从最基本的理论开始学习，从电焊的基本工作原理，到焊接材料、焊接准备、焊接工艺操作基本技能、焊接变形矫正与缺陷防治措施以及焊接质量管理与安全措施等，都进行了系统的学习。通过学习，魏淑娜了解到，电焊工在我们国家还不是很多，随着工业的快速发展，工厂会需要越来越多的电焊工人，而且工资情况也很乐观。

经过学习，魏淑娜也发现，电焊的工作带有很大的危险性。焊接中，焊工常受到的辐射危害有强光、红外线、紫外线等。焊接中的电子束产生的 X 射线，会影响电焊工的身体健康。老师在上课的过程中反复提到，让他们一定要按照相关的操作流程和方法进行焊接，注意保护自身的安全。

掌握了基本原理之后，魏淑娜在老师的带领下，边进行书本理论的学习边实践。魏淑娜头脑聪明，又肯吃苦，每天在实验室车间里琢磨焊接的问题，反复进行练习。有时候老师和同学们都走了，她还在琢磨老师刚刚示范过的方法。魏淑娜在实践中进步得很快，老师交给他们的焊接作业，魏淑娜完成的情况比很多男孩子都好，不但焊接部位很牢固，而且留的焊点残余也很小，保持了外观的整齐。老师感到很满意，觉得自己带的这个女弟子将来也会有个好前程。老师常常在同事面前提起魏淑娜，说："起初我不同意女孩子学电焊这个技术，认为她们干不好。但是现在我这个女弟子啊，一点儿也不比男孩子差！"

按照技术学校的规定，三年级的学生可以在老师的带领下到工厂里面进行实习，以便对学过的知识和技能进行很好的运用。1997 年 12 月，班主任带着焊接班的学生，到与学校有培训合作关系的企业——洛阳东方红机械厂去实习，实习期限为 6 个月。到了机械厂以后，魏淑娜和另外 4 名同学被分配到了钢结构焊接的小组工作，厂里要求他们先观摩焊工的具体操作，熟悉以后可以协助正式的焊工进行工作，厂里负责同志又叮嘱了他们一些安全的问题。

从学校的学习和实践，到这次来工厂里面实习，魏淑娜终于接触到了真正的焊接工作。她很高兴，下定决心要在厂里好好实习，积累工作经验，等到将来毕业的时候能够找到一个好工作。因此，她在厂里认真观摩并且学习电焊的整个过程，遇见不懂的地方，就向老师傅询问。不但如此，魏淑娜还是个闲不住的人，她主动要求承担电焊车间的卫生清理工作，并且一干就坚持了 6 个月。

通过 6 个月的实习，魏淑娜的电焊专业技术得到了突飞猛进的提高。带她的师傅说，魏淑娜作为一个“学徒工”，已经可以毕业了。不但如此，机械厂里的工人和领导对魏淑娜这个女学生的印象也非常深刻，她的焊接技术优秀，而且人也勤快豪爽，大家都很喜欢她。

在实习期即将结束的时候，厂里的领导焦某告诉魏淑娜，今年厂里刚好要招用 2 名焊工，如果淑娜毕业的时候拿到了焊工证，就可以到厂里来工作，工资待遇都很丰厚。魏淑娜听了厂领导的话后非常高兴，对他说：“太好了，谢谢您给了我工作的机会，我一定更加努力地工作，不辜负您的期望！”1998 年 9 月，魏淑娜毕业后拿到了焊接工的证书，她带着资格证书到机械厂。此时，机械厂已经更名为河南北方机械制造有限公司（以下简称北方公司），但是企业内部并没有什么改变，负责人也没有换。负责人焦某看到魏淑娜已经获得了焊接资格证，就对她说：“我们会履行当初的承诺，现在就与你签订劳动合同。”

北方公司与魏淑娜签订了劳动合同，双方约定魏淑娜的工资为每月 2000 元，并且享受国家规定的一系列社会保险和福利待遇，她每周可以休息一天。除此之外，双方又约定了工作的安全保护和工作条件等。签订完合同，淑娜就正式上岗了，公司里从此就多了一名女焊工。

在北方公司，魏淑娜一干就是十年，从一名刚参加工作的焊接工人变成了车间里的焊接老师，她的技术越来越娴熟。魏淑娜为人很直爽，有着东北人特有的热情和果断。她平时很喜欢帮助同事做一些实实在在的事情，不喜欢走没用的排场。

2008 年 4 月是北方公司所在街道的文明宣传月，为了响应文明宣传的号召，北方公司决定组织员工参加当地医院的献血活动，公司领导动员符合条件的员工到社区医院无偿献血。北方公司的员工约有 40 人参加了集体义务献血活动，当地电视台进行了采访和报道，只有魏淑娜没有去，她自己不愿意参加这种活动，也不愿意上电视。她宁可选择匿名捐款，也不愿意扎堆儿搞宣传。公司领导知道了以后很生气，认为电视台都来采访了，魏淑娜太不给公司面子，对公司的声誉造成了不良影响。经过领导多次协商，魏淑娜仍不愿意参加献血。

于是，公司以拒绝献血、对公司声誉产生不良影响为由，解除了与魏淑娜之间的劳动合同关系，将她开除了。公司解除劳动合同既没有事先通知魏淑娜，也没有向她支付任何形式的经济补偿。因为没有参加集体献血就失去了工作，魏淑娜感到很郁闷，她不服从公司的开除决定，认为献血是一种自愿的行为，公司不能为了电视台的采访报道而强迫员工献血。经过这件事情，她对公司领导感到很失望，但是她想为被开除的遭遇讨一个说法。魏淑娜失去工作以后，丈夫陪她向当地劳动局的劳动争议仲裁机构提出了仲裁的申请，要求北方公司向魏淑娜支付经济赔偿。

仲裁机构的工作人员姚某等人受理了魏淑娜的申请，并且根据事实和证据进行了相关调查。姚某等人经过审查认为，根据我国《劳动合同法》的相关规定，魏淑娜没有参加集体献血的行为并不构成单位单方面解除劳动合同的理由。法律规定，劳动者和用人单位双方协议一致的可以解除劳动者合同。同时，对于符合条件的用人单位，可以进行经济性裁员和无过失性辞退。仲裁机构认为，魏淑娜的行为不足以构成上述用人单位解除劳动合同的条件，因此，认定北方公司解除劳动合同的行为是违法的。

根据《劳动合同法》第四十八条规定，用人单位违反本法规定解除或者终止劳动合同，劳动者要求继续履行劳动合同的，用人单位应当继续履行；劳动者不要求继续履行劳动合同或者劳动合同已经不能继续履行的，用人单位应当依照本法第八十七条规定支付赔偿金。该法第八十七条规定，用人单位违反本法规定解除或者终止劳动合同的，应当依照本法第四十七条规定的经济补偿标准的两倍向劳动者支付赔偿金。《劳动合同法》第四十七条规定了经济补偿的计算标准，经济补偿按劳动者在本单位工作的年限，每满一年支付一个月工资的标准向劳动者支付。六个月以上不满一年的，按一年计算；不满六个月的，向劳动者支付半个月工资的经济补偿。

姚某等工作人员告诉魏淑娜和她的丈夫，没有法定原因，北方公司未经职工同意解除劳动合同的行为是违反《劳动合同法》规定的行为。姚某说："根据相关规定，你们可以要求公司继续履行合同，继续留在单位工作；也可以要求公司支付赔偿金。"魏淑娜和丈夫商量了一下，丈夫想让她继续留在公司里工作，这样以后的生活也有保障。但是魏淑娜认为，这次她拒绝献血的事情，单位很多人都知道，有的同事对她产生了一些不好的看法，再回去上班会感到很别扭。更重要的是，因为这件事情，魏淑娜和单位领导焦某之间的关系闹僵，如果她再回公司，不知道该怎么跟领导相处。考虑到这些，魏淑娜决定另找其他的工作，不再回原来的单位上班。

按照相关法律的规定，劳动争议仲裁机构出具了仲裁决议，认定单位解除劳动合同是违反法律规定的行为。鉴于劳动者已经不希望劳动合同继续履行，只是想为自己争取经济赔偿，因此仲裁机构认定北方公司应当向魏淑娜支付经济赔偿金。魏淑娜在公司工作的年限为十年，因此北方公司应当向魏淑娜支付十个月工资的经济赔偿金。

拿到仲裁裁决以后，魏淑娜和丈夫感到十分欣慰，他们终于讨回了一个令人满意的说法。北方公司收到仲裁裁决以后，法务部门的工作人员对裁决进行了分析，认为没有什么问题。于是公司负责人焦某指令财务处向魏淑娜支付了十个月的工资。

魏淑娜拿到了解除劳动合同的数万元的经济赔偿金，她深知光靠这点钱生活是不行的，应该赶紧找到新的工作。丈夫鼓励她说："你有长达十年的工作经验，并且专业技术水平过硬，一定可以找到比原来更好的工作！"魏淑娜没有懈怠，不断寻找企业招收电焊工的消息。果然，河南一家企业向她抛出了橄榄枝。该公司的负责人非常看重魏淑娜的技术和工作经验，由于公司成立时间不长，特别缺少像魏淑娜这样成熟的焊工。因此，他们准备聘请魏淑娜作为车间电焊组的组长，并且请她带一些学徒工，为企业培养电焊的专业人才。魏淑娜对公司开出的待遇条件表示满意，也想带带新人，于是与企业签订了劳动合同，重新开始了她的职业生涯。

# 16. 煤矿工人的合同期限烦恼

卞建设是个标准的陕西汉子，从他的生活习惯你就会发现浓重的陕西特色。在饮食习惯上，卞建设喜欢吃面食，不管是什么面，只要蘸着油泼辣子和醋，他都吃得不亦乐乎，而他最喜欢吃的面食就是陕西特有的羊肉泡馍。每次下班回到家，他都会让老婆给他做一碗羊肉泡馍，就着糖蒜和陕西特有的辣酱，细细地吃起来。有时候卞建设下班路过街边的小吃店，也会约工友跟他一起进去。有的工友是外地人，不是很了解陕西的羊肉泡馍，点菜的事情就全靠卞建设了。卞建设为他们点了羊肉泡馍，自己把馍掰成很小的块儿，然后递给伙计，说："味重！"意思是提醒伙计告诉后厨的师傅调料多放点。伙计接过碗去，应一声"行嘛"，就匆匆把碗传到后厨。很快，做好的泡馍就被端上桌来。看到做好的泡馍，冒着腾腾的热气、散发着令人垂涎欲滴的香味，卞建设的话匣子就打开了。他对工友说："这吃羊肉泡馍啊，讲究一个蚕食。你看有的人吃泡馍，会用筷子或者勺子不停地搅和，那是外行。真正的吃家是忌讳搅和的，为的就是从头到尾，味道始终如一。"说到作料糖蒜和辣酱，卞建设又跟工友讲道，这些作料刚开始的时候是不吃的，否则会影响口味。只有等到泡馍吃到中间，感觉有点腻了，可以吃一颗糖蒜，再舀一些辣酱拌在泡馍里面，然后用送的汤清清口，再继续吃，这样才不影响口味。工友听了卞建设的话都惊呆了，没想到他对吃这么有研究，工友都很佩服他。

卞建设的性格也带有浓重的陕西特质。他为人豪爽大度，平时跟人说话声音很洪亮，没事儿也喜欢吼几句秦腔。卞建设的性格像其他陕西人一样，既粗犷又心灵手巧，快人快语，从不拐弯抹角。

1998年，由于家里经济困难，父母实在拿不出钱来继续供卞建设读高中，于是他从学校回到家里。辍学后的卞建设没有出去打工，因为受到父母和乡亲的影响，他安土重迁的观念也很浓，不愿意到外地去打工。由于附近也没有什么厂矿企业，再加上父母觉得他年龄还小，就只让他在家里帮忙做农活。卞建设家里承包了几亩地，全家就靠这个生活。父亲在黄土塬上种了几亩麦子，一个人根本忙不过来，需要人帮忙，于是卞建设就从除草、施肥、浇水这些最基本的农活学起，一点一点地跟着父亲钻研务农的技巧。几年下来，卞建设从一个愣头青逐渐成为一个干农活的“好把式”。有时候村里人夸奖他说：“娃娃比你爸爸还能干呢！”卞建设听了嘿嘿一笑，还觉得怪不好意思的。

2003年，卞建设到了结婚的年龄，经过媒人介绍，卞建设娶了隔壁村子一个普通庄稼户的女儿月娥。月娥与建设以前就认识，月娥虽然文化程度不高，只有初中毕业，但是她心灵手巧，待人诚恳，也很懂事。卞建设和父母很看重这一点，月娥也很看重卞建设踏实肯干，是个过日子的人，两个人很快就结婚了。

婚后二人的日子过得很美满，月娥在家里帮助婆婆做家务，卞建设与父亲一起在地里干活，家里分工明确，有条不紊。后来，建设和月娥的孩子出生，全家人因为孩子的出生都乐坏了，张罗着给办了满月酒。务农是卞建设家唯一的经济来源，有时候赶上风调雨顺，地里的收成就会好一点儿，等到把庄稼晒好卖出去，这一年的收入就不错。但是如果遇到旱天，灌溉跟不上，庄稼长得没精打采，收获的时候也让人失望。有时候忙碌了一年，打不出多少斤麦子，这一年全家的收入就很少，都要节衣缩食。多年来，卞建设家里的生活过得很不容易。

后来，村子里的青年相继出去打工，有到深圳、珠海的，也有到陕西其他城市的。过年回来的时候，这些人带回了大包小包的玩意儿，村里人都很好奇，到他们家问东问西，月娥也跟着大伙去了，想了解一下外面的世界是什么样子。打工的人给乡亲们讲，到外面打工还是很挣钱的，比在家种地强。月娥听了很羡慕，也开始琢磨让家里的卞建设出去打工，多挣点钱，这样他们家在村子里就会有面子。

当月娥说出自己想法的时候，丈夫和公公婆婆都表示反对。他们觉得家里的田地还需要人手，种地是祖祖辈辈传下来的事情，可不能丢了，农民丢了田地就相当于战士丢了枪一样，啥也干不成了。让卞建设去广东那么远的地方，一个人都不认识，万一遇见黑心老板不发工资怎么办？婆婆对月娥说：“你的娃还小，你让建设到那么远的地方打工，一时半会儿肯定回不来。孩子想爸爸了怎么办？”全家都在反对这件事情，认为出去打工根本不可靠。这样争论了一段时间，月娥看实在说不动公公婆婆，也就不再坚持让丈夫去广东打工了，卞建设依旧每天到地里干活。

2005 年，在地质勘探的过程中，距离卞建设家乡不远一个叫神木的村子发现了大量的煤炭资源。后来，陕西鑫源煤业有限公司在神木村设立了神木煤矿，在编制上隶属于鑫源公司。由于刚刚成立，神木煤矿特别需要煤矿工人，于是就在附近的村子里贴出招工启事，并且给出了不错的条件。

招工启事也贴到了卞建设他们村，有一天，月娥抱着孩子到村卫生所打防疫针，回来路过一个打谷场，看到几个人围着一根电线杆子在看什么。月娥抱着孩子走近问：“大伙儿都在看什么？”老王大哥回头对月娥说：“附近新建立一个煤矿，正在招工。”月娥听到招工的事情，马上有了兴趣。只见一张鲜红的大纸，上面用黑色的毛笔字写着招工的条件、待遇和煤矿的情况，月娥仔细阅读，认真对照招工的条件，想看看丈夫是不是符合招工的要求。这一对照，月娥发现卞建设还真都符合条件。月娥想，这下可好了，这个煤矿离家很近，如果让丈夫到那里去工作，公公婆婆应该就不会再反对了吧。

月娥先跟丈夫讲了这个事情，她说自己挺想让卞建设去煤矿工作的，因为工资很高。而且，煤矿离家也近，卞建设什么时候想回来了就回来，如果不回来，月娥可以到煤矿去给他送饭。建设听了月娥的话，觉得很有道理。他在家务农这几年，虽然家里的温饱不成问题，但是也确实没有赚到什么钱。看着同龄的人已经盖起了房子，卞建设心里也挺羡慕的，他也很想出去工作，多挣点钱。于是卞建设答应月娥：“我也想去，咱们一起跟爸妈说说吧！”

父母听了小两口的话，对卞建设下井当煤矿工人的事情坚决反对。母亲说：“煤矿工人那种工作，每天上班的时候进去，下班的时候能不能完完整整活着出来都是个问题。万一不走运，出点事故，缺胳膊少腿的，残废了，这辈子就完了。穷就穷点吧，只要能温饱，不挨饿受冻，稍微勤快点，做点什么不行，为什么非要下井当矿工？”卞建设和月娥耐心地向母亲解释说，现在的煤矿国家都有规定，安全措施都很严格，如必须佩戴安全帽，矿井下都有数据监测，比以前安全多了。而且现在国家很注重维护矿工的利益，都给缴纳了保险，万一真的出了什么问题，保险也是能赔的。

父母见卞建设一定要去煤矿工作，也不好再说什么，只能反复叮嘱儿子注意安全，能每天回家最好，这样他们心里踏实。卞建设和月娥看到父母同意了，心里也很高兴。夏天收完麦子以后，卞建设就到鑫源公司去应聘。单位负责人王林看到卞建设身体结实，为人又忠厚老实，就答应录用他，并且提出签订劳动合同。

劳动合同有好几页的纸，规定了很多内容，王林向卞建设大致讲了一下其中需要注意的几点。双方约定，鑫源公司雇用卞建设为煤矿的矿工，主要负责井下挖煤作业，每个月的工资为 3000 元，依法享受国家规定的社会保险等待遇。公司将会为卞建设提供一系列的安全措施，保证他们的人身安全。按照合同约定，双方劳动合同期限是 3 年。卞建设看到公司为他们提供了不错的工资，还有那么多安全措施的时候，感受到公司雇用他们的诚意。他回家以后对月娥说："公司对我不错，我一定要好好干。"月娥笑了笑，也提醒他要注意安全，注意身体。

很快，卞建设在鑫源公司的安排下，开始到神木煤矿工作，他负责夜间挖煤作业。每天傍晚，卞建设吃过饭就会全副武装地到井下开始一天的工作。在井下，他总是干活最卖力的。年轻力壮，加上对未来的生活充满希望，卞建设在挖煤的时候总是面带微笑，不时与工友们聊上几句，聊到高兴处，他还会吼几句秦腔。井下的工作是无聊而且漫长的，有了卞建设这个活宝，工友们相互之间有说有笑，看着跟在地面上的工作没什么区别。

早上 5 点钟，卞建设与工友就能够出井了。他们挖的煤已经通过运输的皮带送到外面去了，矿工不能坐皮带上来，只能通过升降机出入。进入的时候矿工一个个都是白白净净的，等到出矿井，个个都变了样儿，脸上全是黑的，已经分不清谁是谁了。交了安全帽和矿灯，他们都会到煤矿的澡堂里洗澡，把身上的煤都洗干净，再回家睡觉。

这样的日子简单地重复着，卞建设每天在煤矿工作，勤勤恳恳，从来没有犯过错误，连迟到都没有过，单位的领导对他的表现也特别满意。卞建设家里的收入也比种地时多了起来。3 年后，家里盖了新房，卞建设的父亲还买了一辆三轮车，用来运输地里的庄稼，别提多方便了。家里的日子一天过得比一天好，月娥也很高兴，她觉得当初她让丈夫出去工作的决定太正确了，不然不可能有今天的一切。

2014 年，卞建设找到鑫源公司的负责人曹树森，说自己的合同快要到期了，要续签合同。曹树森对卞建设说："你已经来煤矿 9 年了，不容易啊，好好干！"于是曹树森拿出了合同，期限还像以前那样是 3 年。卞建设之前听老矿工说过，如果在煤矿里工作很长时间以后，可以提出跟鑫源公司签订无固定期限的劳动合同。于是卞建设向曹树森提出签订无固定期限劳动合同，但是曹树森告诉他，单位就是这么规定的，都是短期工，不可能跟他签订长久的劳动合同，没有谁能一直在这里干。

卞建设不知道什么是老矿工所说的无固定期限劳动合同，于是向老矿工仔细询问。老矿工说具体是什么他也说不清楚，上次他到县里办事儿，正好遇到劳动局的同志下来进行普法宣传，给他发了宣传手册。卞建设央求老矿工帮他找找宣传册，后来老矿工的老伴儿还真找到了。卞建设忙与老矿工一起研究上面的内容。

宣传册上是《劳动合同法》中关于签订劳动合同的一些规定，图文并茂，说得还挺详细。卞建设和老矿工仔细读到，《劳动合同法》第十四条规定，无固定期限劳动合同，是指用人单位与劳动者约定，无确定终止时间的劳动合同。用人单位与劳动者协商一致，可以订立无固定期限劳动合同。有下列情形之一的，劳动者提出或者同意续订、订立劳动合同的，除劳动者提出订立固定期限劳动合同外，应当订立无固定期限劳动合同：（一）劳动者在该用人单位连续工作满十年的……（三）连续订立两次固定期限劳动合同，且劳动者没有本法第三十九条和第四十条第一项、第二项规定的情形，续订劳动合同的。

看了普法宣传手册的内容，卞建设心里有了谱，也明白了自己应有的权利。他知道自己已经与单位签订了 3 个固定期限劳动合同了，这 9 年在煤矿里他都很守规矩，没有出现过违规操作的事情，因此他是可以提出签订无固定期限劳动合同的。他以前一直在煤矿里干得挺好的，一直没有向领导提出过什么要求，总是觉得不好意思。这次签劳动合同的事情，他觉得固定期限和无固定期限合同也没有什么实质的差别，都是要下井挖煤的。于是，卞建设没有向单位负责人曹树森提合同期限的事儿，也没有签合同。

晚上回到家，卞建设一直在想着这个事情，陷入了沉思。月娥看到丈夫不说话，有些闷闷不乐，问：“你怎么啦？”卞建设知道妻子脑子灵光，就把签订合同的事情跟月娥说了，也想听听她的看法。听了丈夫的话，月娥想了想说：“还是签订无固定期限劳动合同好啊，你想想，签了长期的合同，你就一直能在煤矿里干下去，直到退休了。如果还是这么 3 年一签，万一煤矿里来了年轻人，单位把你辞退了怎么办？”听了月娥的话，卞建设也觉得签长期劳动合同心里踏实，也省事儿，不必总是想着这个事情。于是卞建设找到曹树森，商量签订合同的事情。

曹树森起初不愿意与卞建设签订无固定期限劳动合同，但是后来看到卞建设态度坚决，而且拿出了《劳动合同法》的宣传册子，上面写有法律条文明确规定。其实曹树森作为单位负责人事的主管人员，他也明白单位的规定是错误的。于是，曹树森与卞建设签订了无固定期限劳动合同。卞建设拿到合同，心情舒畅地投入新的工作当中。

现在的卞建设，手里有与单位的长期劳动合同，心里也有了归属感。他对月娥说，现在单位对咱这么好，也跟咱签了长期劳动合同，咱一定要干出一个样子来！月娥看到丈夫黝黑的面庞，映着秋日里的金光，仿佛看到了更加美好的生活就在前方。

# 17. 公司合并拒履约　员工应何去何从

谢小梅是河北省邢台市畅通短途客运公司的一名职工，主要负责隆尧县和石家庄市两地之间的短途客运，在大巴车上做一名售票员。早上 6 点半，小梅会准时起床，收拾好之后，到车上与司机汇合，开始一天的工作。谢小梅家住邢台市隆尧县，她负责的隆尧县到石家庄市线属于短途客运，相隔距离很近，如果不堵车的话一个多小时就能到站，每天可以跑好几个来回。有时一天的班次跑下来，迎来送往那么多乘客，谢小梅累得不想说话。

谢小梅的父亲谢长顺是隆尧县一家货运公司的司机，主要负责跑省内的货物运输线，有时候遇到大宗货物，也给河北周边的省市送货，北京、天津、河南等地也是谢长顺经常到的地方。跑运输快 20 年，谢长顺成了一名老司机，对公路运输特别有感情。每次跟人聊天，谢长顺总是三句话不离老本行，带着一副自豪的表情。

谢长顺为人忠厚老实，也很热情，多年的司机生涯让他养成了开车谨慎的习惯，从不跟别人飙车拼速度。他总是在规定的时间内尽量开慢一点，以保证运输的安全和货物的安全。谢长顺有一句话经常挂在嘴边：“我从不跟别人比速度，就比谁更安全地到达目的地，这才是一个司机该有的追求。”最难能可贵的是，谢长顺在工作中特别有耐心，遇到问路的乘客，他总是认真解答。有时遇到乘客是外地口音的，他怕乘客听不清楚，就学习用普通话为乘客服务，直到乘客听明白了为止。

谢小梅是家里的独生女儿，谢长顺和爱人都很宠爱谢小梅。家里只有父亲谢长顺一个人工作，母亲在家照顾谢小梅和老人。虽然家里的生活条件不是特别富裕，但是父母已经给了谢小梅他们能给的最好的生活和学习条件。从幼儿园起，父母就很注重对谢小梅各方面素质的培养，以自身的行动对谢小梅人生观和价值观的形成产生有益影响。隆尧县是 1966 年邢台大地震的震中位置，县里建有邢台大地震纪念碑。每次父母带着谢小梅路过地震纪念碑的时候，父亲都会给她讲 1966 年隆尧地震的事情，给她讲震后灾区如何进行重建，国家和各个地方如何支援的故事。谢小梅小小年纪就知道关于家乡的很多事情，也深受父母的影响，非常喜爱自己的家乡。

除了社会和历史文化方面的知识，父母也很注重提高谢小梅的才艺水平。谢小梅的母亲给她报了舞蹈班，每天放学以后和每个周末，她都会带着谢小梅到舞蹈班上课，从跳舞的基本功开始训练。一些小孩子对父母报的兴趣辅导班感到很厌烦，但是谢小梅跟他们不一样，对舞蹈很感兴趣，一跳就是六七年。她不但练就了扎实的基本功，而且舞蹈水平在班里也很出众，老师对她说："孩子，你这么优秀，将来一定能够成为一名出色的舞蹈家，老师会为你感到自豪的！"

多年的练舞训练使谢小梅对舞蹈产生了深厚的感情，从初中开始，她就励志要当一名舞蹈演员，将来成为一个舞蹈家，能够在国家或者世界性的舞台上为观众展示自己的舞蹈才华。为了实现自己的舞蹈梦，谢小梅在高中时，就将自己的目标定在了北京舞蹈学院。她想通过自己高中三年的学习，提高自己的舞蹈专业水平，同时夯实自己的文化课程基础，最后考入自己心爱的北京舞蹈学院，去更加广阔的舞台上展现自己。

2001 年，18 岁的谢小梅参加了她人生中最重要的一场考试——高考。这场考试在谢小梅看来，将是决定她命运的一场考试，她必须全力以赴。在舞蹈专业考试中，谢小梅不慎感冒，身体状况特别不好。妈妈心疼地劝女儿说："梅梅，你的脸色苍白，如果难受咱们就先回家。"但是，谢小梅没有抱怨一句，而是咬牙坚持到最后一秒钟，在考官面前完美地展现自己的舞蹈，最终收获了掌声。母亲全程陪伴谢小梅参加舞蹈专业考试，她也为女儿的表现感到骄傲，认为女儿非常优秀，一定能够被北京舞蹈学院录取。

果然，谢小梅的舞蹈专业考试成绩非常高，有一个考官甚至给出了满分。但令人遗憾的是，谢小梅的文化课成绩出现了问题，由于她在填写试卷答案的时候出了差错，最后文化考试成绩比录取分数线低了 5 分。按照当时的规定，文化课程考试如果不合格的话，高校将不予录取。于是，谢小梅以 5 分之差与北京舞蹈学院失之交臂。

高考的落榜让谢小梅感到十分伤心，她把自己关在屋子里，好几天不愿意与其他人说话。后来，在父母和亲朋好友的关心下，谢小梅渐渐从高考失利的阴影中走了出来。父亲谢长顺对女儿说："闺女啊，高考只是你人生中的一个小小的环节，它并不能决定一个人的成功与失败。人生还有很多精彩的事情等着你去尝试，有很多成功人士都不是走高考这条路的，他们的故事依旧很美丽。"

听了父亲的话，谢小梅心里好受多了。再加上闺蜜和好友的鼓励，谢小梅不再想高考和大学的事情，谢小梅暗暗地告诉自己说："不上大学，我的人生一定照样精彩。"2001 年 9 月，谢小梅开始一心一意准备找工作。

由于从小受到父亲谢长顺的影响，谢小梅对运输和汽车有着天然的热爱。在进行职业选择的时候，谢小梅没有犹豫，直接将求职的目标定在了隆尧县当地的公交车公司和长短途客运公司。考虑到自己年龄还小，还需要出去走走，谢小梅也听取了父亲的建议，选择了河北省邢台市畅通短途客运公司（以下简称畅通公司）。2001 年 12 月的时候，该短途客运公司发出了招工的启示，招聘 1 名女售票员。谢小梅喜出望外，赶紧前往客运公司应聘。由于各方面素质都不错，父亲又有干运输的经历，谢小梅顺利通过了客运公司的面试，成为公司最年轻的售票员。

看到女儿选择了与自己相关的职业，父亲谢长顺恭喜女儿成为客运公司的一员，同时他又叮嘱女儿说："做我们这一行的，必须喜爱这个行业，一定要有耐心，树立为人民服务的信念！"谢小梅听了父亲的叮嘱，从心底里佩服父亲 20 年来的坚持，她也下定决心，一定要向父亲学习，做一个为人民服务的优秀售票员。

2001 年 12 月底，畅通公司与谢小梅签订了劳动合同。双方约定，谢小梅的岗位是隆尧县到石家庄市之间的短途客运售票员，月工资为 1500 元，依法享受社会保险和福利待遇等，每周可以休息一天。从 2002 年开始，谢小梅正式上岗，开始了售票员的职业生涯。

刚到工作岗位的时候，谢小梅还不能完全适应工作。她从小就有晕车的毛病，即使坐父亲开的车也得把车窗全部打开，并且必须坐副驾驶。随着年龄的增长，谢小梅的晕车症状越来越严重，每次坐车时，她的头都特别晕，胃里也特别难受。刚开始在车上卖票的时候，谢小梅的晕车症状特别严重，几乎影响到了她的工作，跟她搭档的司机怀疑小梅还能不能继续干下去。谢小梅想，克服晕车是她工作时首先需要面对的问题，一定要战胜晕车，否则自己跑运输的职业梦想是不可能实现的。

于是，谢小梅又拿出了当初练习舞蹈的倔脾气，每天至少有 12 个小时都待在车上，逼迫自己去适应大巴车的气味、速度和平衡感。刚开始锻炼的时候，她的身体根本受不了，每天都会呕吐。但是谢小梅没有放弃，坚持着自己克服晕车的计划，每天甚至在车上吃饭。经过不到一个月的时间，谢小梅已经完全能够适应大巴车，晕车的症状几乎没有了。这一个月的时间也使谢小梅习惯了售票员的工作，跟乘客在一起，她感到很高兴，与她搭档的司机李师傅也为她的进步而感到由衷的欣慰。

适应了售票员的工作以后，谢小梅开始踏踏实实地工作，这一干就是 9 年。想起父亲教导她“为人民服务”的目标，谢小梅经常琢磨从自身的平凡工作中为乘客做一些切切实实的事情，为社会作出自己的贡献。经过每天在大巴车上工作的实践和积累，谢小梅练就了很多售票员工作以外的本领，做到了全心全意为乘客服务。她能根据乘客的不同需求，给他们最需要的服务。有的乘客上了年纪，谢小梅会过去扶一把，把他们安全送下车。有的乘客晕车，谢小梅就在大巴车上准备了医药箱和塑料袋子，为晕车的乘客提供贴心的服务，让他们感受到温暖。只要坐过这趟车的乘客，都对谢小梅的服务印象深刻，他们对谢小梅赞不绝口，谢小梅听了总是感到很不好意思，对乘客说：“这是我们应该做的。”

2008 年以来，谢小梅所在县的经济不断发展，与省会石家庄之间的交流增强，客流量也大幅增加。于是，一些运输公司也瞄准了这条路线的商机，纷纷安排车辆跑这条路线的客运。由于竞争对手增多，畅通公司感受到了短途运输的压力，于是公司负责人开始为企业的长足发展寻找出路。

2010 年，为了提高企业自身的竞争力，获得规模效益，畅通公司经过研究决定并入当地最大的运输公司——路路发运输公司（以下简称路路发公司）。路路发公司是河北省最大的运输公司，兼营客运和货物运输，在当地享有很好的口碑，已经形成了品牌效益。双方经过协商后一致同意，畅通公司并入路路发公司以后，以前的名称不再使用，统一按照路路发公司的管理制度运行，畅通公司的总经理成为路路发公司的副总经理，双方又约定原来畅通公司的一切权利义务关系现在均由路路发公司承继。2010 年 10 月 1 日，公司的合并正式完成。

公司合并以后，谢小梅感到很高兴，她对同事们说："经过公司的合并，咱们摇身一变，也成了路路发公司的一员啦！"一位同事说："我看啊，这合并还不如以前的时候呢！现在我们一个月的工资福利待遇跟以前一样，这一下子换了老板，不知道还让不让我们继续工作。"

一天上午，路路发公司的负责人汤某找到谢小梅，说："畅通公司已经并入我们路路发公司了，所以你们要与新公司重新签订劳动协议。"谢小梅告诉汤某说："我之前已经与原单位签订了劳动协议，现在公司合并了，我们应该能直接成为新公司的员工吧！"汤某向她解释说，现在畅通公司已经并入路路发公司，谢小梅原来的单位不存在了，所以她与单位签订的劳动合同也就无效了，谢小梅如果要想继续留在公司做售票员，就必须重新与公司签约，否则就不能来上班。

谢小梅听了汤某的话后感到很无奈，原本她将合并看成有利于单位和员工的好事，但是现在看来事情并不简单。谢小梅不懂劳动法的相关内容，也不认识律师和法官。后来，一个朋友告诉她说，某大学的法学专业在全国很有名气，学校里专门设有法律援助中心，可以进行免费咨询。于是谢小梅来到该大学进行法律咨询。

大学法律援助中心的同学热情接待了谢小梅，请她坐下来并详细询问了一些情况。一位姓余的女同学耐心地听了她描述的问题，不时在纸上记录，又对劳动合同签订和公司合并的情况进行了询问。后来，余同学就小梅的问题，又与几个同学进行了分析讨论。最后，余同学对小梅说："大姐，我们听了您的问题，又查阅了《劳动合同法》的相关规定，认为您现在的公司路路发公司的行为是违法的。"

余同学向谢小梅解释道，《劳动合同法》对用人单位发生分立或者合并的情形进行了专门的规定，根据第三十四条规定，用人单位发生合并或者分立等情况，原劳动合同继续有效，劳动合同由承继其权利和义务的用人单位继续履行。

余同学进一步解释说，在用人单位合并的情况下，原来的单位不存在了，并入其他单位当中。因此，为了保护原用人单位劳动者的权益，法律规定在单位合并以后，原来的劳动合同继续有效，原合同的履行由合并以后的用人单位履行。余同学认为，像谢小梅这种公司合并的情况，她与原公司签订的劳动合同继续有效，现在的路路发公司有义务继续履行合同，支付报酬，不得解除合同。

谢小梅听了余同学的分析之后，心里总算有了底，可是她不知道接下来究竟该怎么办。余同学拿出了手机说："按照法律规定，您可以向劳动行政部门反映您的情况。我现在可以帮您查一下你们当地劳动局的电话和地址。"拿到了劳动局的地址和电话，小梅特别感动，她不停地对法律援助中心的同学说"谢谢"，同学们忙说："大姐，您不用客气，我们就是做这个的，以后您遇到其他法律问题，也可以随时找我们咨询。"

从石家庄回来以后，谢小梅就给当地劳动局打电话，就自己的问题向工作人员咨询。工作人员在收到谢小梅的举报以后，到路路发公司了解公司合并的情况，经过劳动局的调查发现，原来公司想解除劳动合同的不止谢小梅一人，还有好多原来单位的员工也即将面临失业的问题。查明问题之后，劳动局对路路发公司的违法行为进行了纠正，要求公司继续履行原来的劳动合同，对公司员工一视同仁，不得非法解除劳动合同。于是，谢小梅和同事们又重新上岗了。

重新回到工作岗位上，谢小梅又干起了售票员的老本行，还是原来的路线，还有她再熟悉不过的风景。谢小梅还年轻，她对未来有无限的期望，在这一行也会越做越好。

# 18. 跟非法试用期说再见

白雪出生在山西省太原市阳曲县的一家医院里，母亲白秋萍是阳曲县蒲剧团的一名蒲剧演员，父亲张康是一家企业的负责人。婴儿的出生，总是能够给家庭带来无限的希望，孩子是父母感情的结晶，但是白雪的家庭却完全不一样。白雪出生后，父亲没有在身边，因为她的父母已经离婚了。这一切还要从白雪的母亲白秋萍说起。

白秋萍 1965 年出生在山东省济南市平阴县一个富足的家庭。平阴县是个盛产玫瑰的地方，白秋萍家祖祖辈辈都经营着一家玫瑰加工坊，到了父亲白熙贤这一代也开设了一家玫瑰加工厂。加工厂的生产效益很好，利润丰厚 ，白家的生活条件自然很高，白熙贤对女儿更是百依百顺，宠着白秋萍。白秋萍除了学习文化课程之外，还特别喜欢山西的蒲剧，自幼跟着师父学习。

后来，白秋萍到了可以结婚的年龄，到家里说媒的人很多，其中不乏家境很好或者才貌出众的小伙子，但是白秋萍都没有看上，唯独对自家加工厂里的工人张康另眼相待。张康是山西人，在玫瑰加工厂里打工，个子高挑，样貌出众。更重要的是，张康的淳朴气质很快就俘获了白秋萍的心，两人经常约会。白秋萍向父亲说明了自己和张康的事情，但是父亲嫌张康只是个工人，没什么能力，怕女儿将来受委屈，于是就坚决不同意这门亲事。

后来白秋萍依旧天天找张康，父亲很生气，就将张康辞退，并且把白秋萍锁在家中。这样过了一个月，白父以为白秋萍扭转了心思，就恢复了她的自由。就在白秋萍恢复自由的第二天，她就跑到张康山西太原的老家，与他结婚了。

为了养家糊口，张康到太原市一家食品加工厂当临时工，后来因为有相关的工作经验，人也忠厚，就被领导破格录取为正式员工。工作几年下来，张康从一名普通的职工升到了部门经理的职位，每个月工资不菲。白秋萍与张康结婚以后，就做起了全职太太，每天在家里收拾屋子做做饭，生活也很平静。婚后白秋萍有机会便到太原的剧院去听蒲剧，由于有以前学习的底子，白秋萍决定在蒲剧方面下一番功夫，能够有一个自己的事业。两年后，她拜当地蒲剧剧院的著名表演艺术家为师，潜心研究唱戏。

就在白秋萍学习唱戏的时候，张康当上了公司的总经理，经常需要处理公司的很多事务，几乎天天都有应酬，根本没有时间回家。刚结婚的时候，张康对白秋萍百依百顺，处处照顾有加。但是这几年夫妻两人各忙各的事业，都有自己的工作重心，交流渐渐变少，白秋萍觉得丈夫不爱她了。有一天，白秋萍看到张康和一个女子一起乘车去商场，就认定丈夫有婚外情，于是就到张康的单位大闹一场，弄得张康下不了台。后来张康决定与白秋萍离婚。一开始白秋萍坚决不同意离婚，无奈张康心意已决，就签下了离婚协议书。

离婚后的白秋萍搬到了阳曲县，不久之后，她发现自己竟然怀孕了，对张康心灰意冷的白秋萍本来想将孩子打掉，开始自己新的生活，没想到医生却告知白秋萍，如果打掉这个孩子，她有可能以后再也不会有孩子了。1990 年，白秋萍含着眼泪决定将这个孩子生了下来，给孩子起名叫白雪。

离婚的时候，白秋萍没有分得多少财产。白雪在满月的时候，家里已经没有什么钱了。为了养活自己和孩子，白秋萍决定出去找份工作，她请蒲剧老师帮她联系朋友，看能不能找到工作。后来老师推荐她到阳曲县蒲剧团工作，从跑龙套打杂做起，勉强能够维持生活。

白雪 5 岁的时候，白秋萍已经从一个小演员成为一个很有名气的蒲剧演员，每天都需要吊嗓子、练身段，演出更是一场接着一场，有时候还需要到外地演出，一走就是一星期，根本顾不上白雪。白雪上小学的时候，别的同学每天都有爸爸妈妈接送。白雪却从来没有见过自己的爸爸，妈妈也没时间来接她。由于害怕被同学们嘲笑，她每天都是班里最后一个走的。一天，白雪哭着问妈妈："为什么别的小朋友都有爸爸，我的爸爸却从来不来看我？"白秋萍先是愣了一下，马上抬手就给了白雪一记响亮的耳光，说："我辛辛苦苦工作赚钱养家，没想到我却生了你这个白眼狼。"从此以后，白雪再也没有提过"爸爸"这两个字。

由于母亲常年在外面演出，很少回家，白雪小小年纪就要自己洗衣做饭，自己照顾自己。至于学习，母亲从来不过问，这也让白雪养成了独立自主的性格，大事小事也从来不和白秋萍商量，往往是自己做主。倒是母亲的好朋友薛阿姨经常来家里看望白雪，给她带来各种好吃的。薛阿姨是当地医院的一名护士，人很好，说话温柔，白雪最喜欢的人就是她了。她对薛阿姨说："我将来可以像您一样，当一名护士吗？"薛阿姨和蔼地说："我的孩子，当然可以啊，只要你努力学习，梦想就一定会实现的！"

2006年初中毕业后，白雪并没有像大多数同龄人那样选择考一个不错的高中，然后上大学。县一中的老师多次跑到家里劝白雪就读高中，学杂费、住宿费全免，每个月还可以补助300块钱的生活费，但白雪还是拒绝了。白雪不想读高中的原因很简单，由于没有母亲的关爱，她不想再待在这个家里。同时，白雪也希望自己将来能够像薛阿姨一样，做一名白衣天使，帮助医生救死扶伤。于是，白雪选择就读当地护士专科学校，跟普通的高中不同，护士专校有四年的学习时间，前三年在学校学习相关的基础和专业知识，第四年进行专业实习。

2006年9月，白雪开始了在护士专科学校的学习生活。在学校里有很多女孩子，大家每天一起生活，一起上课，对年轻的女孩子来说，别提多开心了。在护士学校里，老师和同学们给予了白雪很多关心和帮助，她感到这里就像家一样温暖。老师就是他们的家长，而同学们就是兄弟姐妹。在学习上，白雪踏实努力，勤奋好学，相关的专业书籍就看了很多，笔记做得密密麻麻。她还善于总结，整个护理系属她的理论功底最强。在实践方面，白雪也没有放松，将平时所学的书本知识运用到护理的实践中，取得了很大的收获。

2009年10月，按照学校的规定，白雪她们要开始进行专业实习。白雪和同一宿舍的女生被分配到了学校的对口医院进行为期一年的实习，主要负责妇产科的护理工作。在实习单位，虽然穿着护士的衣服，但是白雪仍旧将自己定位为一名学生，抱着学习的心态，经常向带她们的护士姐姐问问题。医院的护士站经常会遇到脏活累活，有的实习生不愿意干，白雪总是主动去做。由于白雪做事勤快，为人也谦虚谨慎，带她的护士长很满意白雪的表现，对白雪说："你这孩子，就像你的名字一样，那么招人喜欢！"护士长鼓励白雪在医院好好干，将来一定能有不错的成绩。

光阴似箭，日月如梭，一年的专业实习很快就过去了，专业实习一结束，就意味着白雪她们要毕业了。一提到毕业，同学们都觉得依依不舍，白雪更是这样，她不愿意离开这个像家一样温暖的地方。拍毕业照的时候，白雪拉着老师和同学们的手，久久不愿离开，老师安慰她说："傻孩子，没关系，你们毕业了，就要到单位去工作。但是将来还可以回来看看，老师和同学们还可以再聚。"

毕业后，白雪抓紧时间复习相关专业和实践知识，顺利通过了护士资格考试，拿到了护士证。2011 年 2 月，由于白雪学习成绩优异，也有丰富的实习经验，经原来学校老师推荐，她到当地最好的一家医院——太原迎泽妇产医院第一产科应聘工作。妇产医院的领导看到白雪各方面表现都不错，觉得她性格温柔细心，特别适合做护理这一行业，于是决定录取白雪。白雪知道以后特别高兴，立刻给老师打电话报喜。老师听到她被录取之后表示："你的实力很强，好好干，为学校和老师争光。"白雪又给薛阿姨打了个电话，薛阿姨听到白雪像她一样当了一名护士以后也感到很开心。

2011 年 2 月 22 日，迎泽妇产医院与白雪签订了劳动合同书。这份劳动合同书上规定，迎泽妇产医院雇用白雪为第一产科的护士，期限为五年，白雪每个月的工资为 3000 元，享受国家规定的五险一金待遇。同时，双方的合同中规定，由于护士行业是特殊职业，需要有很强的专业知识和实践经验，因此，妇产医院与白雪约定的试用期是一年，在这一年内的工资是每月 1500 元。试用期满以后，如果白雪通过考核，就能够正式成为医院的一员，享受每个月 3000 元的工资待遇。

白雪对单位要求一年试用期的规定感到疑惑。她知道在考取护士证的时候，必须有一年左右的实习经历才能考取，她 2009 年到 2010 年已经在学校的对口医院实习过了，这个条件她已经达到了。所以白雪不明白，为什么单位还要求有试用期，还要对她在试用期的表现进行考核。但是如果白雪不同意这一年的试用期，医院肯定不会录用她。迎泽妇产医院是当地最好的妇产医院，想到这里工作的护士有很多，每年招人的时候竞争都很激烈。一般的护士都是这样进入医院的，先试用一年，考核通过再转为正式护士，白雪不想失去这次工作机会。

白雪听迎泽妇产医院的其他护士说，单位试用期的工资比正式护士少，而且如果医院对试用期的护士不满意的话，可能会把她辞退。但是也有护士说，医院也是没有办法，医生和护士这个行业管得严，多实习没有什么坏处。

听了护士们的话，白雪不知道究竟该不该与医院签合同，也不知道自己到单位应不应该有试用期。于是，白雪没有立即与医院签合同，而是来到薛阿姨的医院向薛阿姨求助。薛阿姨在医院干护士这一行已经20多年了，经历的事情很多。白雪想着，薛阿姨能够在签订劳动合同的事情上帮帮自己。薛阿姨听了白雪的问题，笑了笑说："孩子，护士到医院一般都会有一段时间的试用期，这很正常。"

听了薛阿姨的话，白雪还是不太放心。后来，在与同学晓彤聊天的时候，晓彤告诉她说："白雪，我找到了一家医院，每个月3000块钱，已经跟单位签约了！"得知好友找到了工作，白雪也替好友感到高兴，她就问晓彤："你们医院规定试用期了没？"晓彤说单位的试用期是六个月，试用期内工资是2500元。白雪向晓彤说了自己单位的情形，晓彤听了以后说："你们单位的规定不合理吧，试用期的工资也太少了。"

后来，白雪想起来以前一个初中同学在大学的时候学了法律，就给这个同学打电话。同学耐心地听完白雪的遭遇，对她说："单位这样规定是明显不对的，试用期最长只能是六个月，而且在试用期内的工资是正常工资的80%，你们单位太不像话了！"白雪说她已经拿到了护士资格证，已经有一年的实习经历，是不是不需要再跟单位约定试用期了。同学觉得在电话里一时半会儿说不清楚，就约定到一个附近的咖啡馆，细聊关于劳动合同试用期的事情。

两人见面以后，同学给白雪带来了最新修订的《劳动合同法》，白雪看到第十九条对劳动合同中的试用期进行了专门规定，具体的内容是："劳动合同期限三个月以上不满一年的，试用期不得超过一个月；劳动合同期限一年以上不满三年的，试用期不得超过二个月；三年以上固定期限劳动合同和无固定期限的劳动合同，试用期不得超过六个月……”同时，第二十条规定：“劳动者在试用期的工资不得低于本单位相同岗位最低档工资或者劳动合同中约定工资的百分之八十，并不得低于用人单位所在地的最低工资标准。”

看完这些，白雪明白了单位之前给出的劳动合同明显是违反《劳动合同法》规定的。首先，试用期规定最长是六个月，单位说一年明显是违法的；其次，试用期内的工资也明显不符合约定工资80%的规定。看明白法律的规定之后，白雪很庆幸，幸亏自己没有与单位签订劳动合同，不然就亏大了。但是现在还没有与单位签订合同，自己究竟该怎么办呢？

朋友让她先别着急，说：“你们单位的行为是违法的，《劳动合同法》对这种情况进行了专门的规定，单位是要承担责任的。”同学介绍道，《劳动合同法》第八十三条规定：“用人单位违反本法规定与劳动者约定试用期的，由劳动行政部门责令改正；违法约定的试用期已经履行的，由用人单位以劳动者试用期满月工资为标准，按已经履行的超过法定试用期的期间向劳动者支付赔偿金。”

听了朋友的详细讲解，白雪终于解开了心中的疑惑，也了解到了很多签订劳动合同时需要注意的相关事项，这让她对以后的工作充满了信心。白雪很感谢同学近一个小时的“普法”，忙说要请同学吃饭。同学听了笑着说：“帮人帮到底，送佛送到西。我这就陪你一起到劳动局去向他们反映情况，这样也好尽快解决单位的不法行为，你才能尽快入职工作。”

经过白雪的举报，劳动行政部门责令迎泽妇产医院改正关于试用期的违法行为，按照法律规定依法与劳动者约定试用期条款。白雪的试用期改为六个月，试用期的工资也由1500元变成了2600元，她感到很高兴，觉得法律在生活中实在是太有用了，她以后在工作之余也要多多了解法律知识。

经历了签约的波折，白雪终于开始正式的护士工作。白雪坚信，通过自己的努力工作，一定能够在六个月以后向医院交出一份满意的答卷，做一名合格的护士。

## 19. 工伤不成自己扛　情比金坚出奇迹

吴芳从某外国语大学英语专业硕士研究生毕业后到北京某翻译公司入职。成为一名翻译一直是吴芳的梦想，现在梦想实现，吴芳对自己的翻译提出了更高的要求，希望能达到翻译标准“信、达、雅”中的“雅”。因出色的笔译能力和勤奋努力的工作态度，吴芳赢得了老板和同事们的一致认可，很快便成为翻译公司的中坚力量。

李明博，某公安大学本科毕业后到北京市公安局当了一名警察。李明博当警员时，做过一年的卧底，一举粉碎了本市最大的一个犯罪集团，后来又独闯绑架团伙，用自己换回人质，最后里应外合，粉碎了绑架团伙的阴谋。因为在这两个案件中的出色表现，李明博成为警察局的一位传奇人物。工作三年后，他便被提拔为刑侦大队的副队长。

2013 年 8 月，吴芳 30 岁，研究生毕业后工作了四年，成为一个中级翻译，收入不错，是典型的城市白领，一个人过着自由自在的日子。李明博这一年 29 岁，本科毕业后工作了六年，痴迷于侦查，将所有时间都投入工作中，他也凭借着自己的努力，成为刑侦大队的队长。吴芳和李明博二人本来一个是翻译，一个是警察，八竿子打不着的两个人，因为他们的一位初中同学的牵线，认识了对方。

茫茫人海中，总会有一个人不经意间闯入你的生活，这种闯入还是那么的和谐又有趣。吴芳和李明博就是这样的，从第一次见面，二人就擦出了爱的火花。吴芳欣赏李明博的睿智、干练和专注，李明博则赞叹吴芳的自信、大方和优雅。其实根本原因是二人都热爱自己的工作，惺惺相惜的两个人很快便在一起了。

吴芳沉醉在恋爱的甜蜜中，格外幸福。同事都说她越来越美丽了，眼神中每天都带着光彩。吴芳也觉得自己每天都很快乐。2014 年 8 月的某一天，吴芳下班后骑自行车赶往家附近的某个餐厅与李明博一起庆祝自己的生日。在某个路口右转弯时，吴芳被迎面而来的小汽车撞倒。所幸的是在路口，汽车车速较慢，吴芳只是手臂受伤。

翻译公司为吴芳申请了工伤认定，因在下班途中受伤，吴芳被认定为工伤。

后经市劳动能力鉴定委员会鉴定，吴芳被认定为十级伤残。汽车驾驶人的赔偿金和工伤保险待遇涵盖了吴芳所有的医药费、营养费和护理费等支出。

吴芳因为手臂受伤要恢复至少两个月。其间，吴芳与李明博计划年底结婚。工作四年后，吴芳自己接的翻译也能带来不错的收入，加之她希望能翻译出一些有分量的作品，于是便辞职专心在家养伤并规划自己接下来的人生和事业。

2014 年 12 月，吴芳和李明博结婚后，吴芳成为一名自由翻译，因为吴芳擅长翻译各类著作，且在翻译界口碑不错，很快便与各大出版社做引进版权图书的编辑建立了联系，为他们翻译各类作品。

2016 年 1 月的某一天，吴芳开车去某出版社拿样书的途中，不慎撞到前方所停车辆的尾部，当场昏迷。住进医院十几天后，吴芳仍然没有醒过来。医生经过诊断表示，吴芳已经是植物人了。听到这个诊断，内心一向强大的李明博怔在病房良久，他望着病床上似睡着的吴芳，大滴大滴的泪珠滚落下来。

悲痛中的李明博并没有失去方寸。他首先去找让吴芳拿样书的出版社。李明博认为吴芳是在为出版社提供劳务的路上受伤的，应该认定为工伤。然而，出版社的人力资源负责人告诉李明博，吴芳并非出版社职工，出版社与吴芳并没有劳动合同关系，不能给予吴芳工伤保险待遇。理智的李明博并没有因出版社人力资源负责人的答复而愤怒，他从律师处得知，吴芳作为自由职业者，与出版社之间是合作关系，非劳动合同关系，而工伤保险待遇的适用范围是我国境内的企业、事业单位等组织的职工和个体工商户的雇工。之前吴芳在翻译公司，因工受伤，就能享受工伤保险待遇，而现在吴芳作为自由职业者，不能享受工伤保险待遇。

无权享受工伤保险待遇，这意味着所有医疗费、护理费等所有的费用都要由吴芳自己承担。为了救爱妻，李明博变卖了二人辛苦攒钱买下的婚房。怀揣着不相信灵动美丽的妻子会抛弃自己而去的坚定信念，李明博研究了大量有关植物人的书籍和研究报告，功夫不负有心人，他在书上看到了这样一条信息：爱会让植物人复苏。书上还记录了一段外国的故事，说是外国一对结婚 30 多年的夫妻，在旅游时，妻子不幸摔下山崖，丈夫一直在病床前呼唤妻子的名字，几个月后妻子竟睁开了眼睛，恢复了意识。

于是，李明博便坐在吴芳的窗前开始一遍又一遍地呼唤她的名字。

不知道是李明博创造了奇迹，还是医学创造了奇迹，总之，吴芳在一天夜里终于睁开了眼睛，她睁开眼的第一句话就是问李明博：我这是在哪儿呀？

吴芳很快就下床了，当得知李明博卖房为自己付医药费，一遍又一遍呼唤自己的名字时，吴芳的眼眶湿润了，她为自己的不小心而愧疚万分。

李明博说，只要你能醒过来，一切都是浮云。从此，二人重新开始了他们的幸福生活。

## 20. 工伤无情悔人身 金钱难买一家乐

幸福的家庭都是相似的，不幸的家庭各有各的不同。生活在河北省某县城的王开明，勤劳厚道，做事踏实，也乐于助人。不管是在单位还是在家中，不论谁家有啥大小事，只要自己能帮上忙的，王开明都倾力相助。王开明也因此获得了“老好人”的口碑。王开明儿女双全，女儿6岁正在上小学，儿子2岁牙牙学语，妻子田美霞心地善良，为人和善。王开明一家四口生活得幸福美满，欢声笑语弥漫整个家庭。

孙向前和刘荣在北京念大学期间相识并相爱。孙向前因为是父母老来而得的独子，一心想毕业后回家里的县城工作，照顾父母。大四上学期，刘荣走进了孙向前的生命。与刘荣的不期而遇，使孙向前将回老家的打算抛到九霄云外，二人毫不犹豫地选择留在北京。弹指一挥间，孙、刘二人在北京待了十年，现在孩子已经到了上小学的年纪，二人苦于没有北京户口，几次在买房关口都因不想生活压力太大将手缩了回去，而且孙向前的父母现在年岁已高，迫于房子、户口、小孩上学和老人看病等各方压力，2013年2月，孙向前和刘荣狠心辞去了在北京的工作，带着孩子和在北京打拼了十年的积蓄回到孙向前的老家，注册了一个车床加工厂。

因为孙向前和刘荣从北京带回比县城先进得多的技术经验和管理经验，二人的车床厂很快就投入正式运转，发展得如火如荼。在老家，孙向前通过自己的同学让孩子上了当地最好的小学，父母每天接送孙子似乎百病都消了。孙、刘二人则将全部的精力都倾注到车床厂。王开明就是在车床厂扩大经营规模期间加入车床厂的。王开明一想到家里可爱的儿子、学校里活泼的女儿，便越发起劲地工作。对于王开明来说，儿子拿到新玩具和女儿拿到新学习用品的欣喜是自己辛苦干活挣钱最好的回报。在公司，王开明加倍地干活，任劳任怨。

2015年4月的一天，已经工作了两年的王开明如往常一样在车床厂加工某器件，竟然不幸被切割机切断右手，左手拇指和食指也被切断。事故发生后，孙向前立即支付了王开明的护理费和营养费以及2015年4月至7月的工资福利，但并没有支付医药费，也没有为王开明向县人力资源和社会保障局申请工伤鉴定。出了王开明这件事后，孙向前和刘荣二人寝食难安。车床厂在初创期间，孙、刘二人并没有为职工购买工伤保险。现在碰到这件事，孙、刘二人也陷入了无限的忧思中。

在县城开办工厂，最重要的不是工厂规模、工厂效益等经济因素，而是口碑。从某种程度上而言，口碑甚至是致命的。王开明发生事故后，有几位与其一样工种的同事陆续辞职。很快，车床厂也因为自身发展到了一个瓶颈期，加之员工的相继离职，生产效率骤降，出现了资金周转不灵等问题。

2015 年年底，车床厂的投资人分完奖金和利润后撤出了车床厂。车床厂资金链断裂。2016 年 3 月，孙向前在无奈之下，向工商局申请注销了已成立三年的车床厂。孙、刘二人作为车床厂的原始股东，成为车床厂清算组的成员。

王开明受伤这一噩耗使全家陷入阴霾中。在王开明的伤情稳定后，从打击中清醒过来的田美霞于 2015 年 8 月向县人力资源和社会保障局提出了工伤鉴定申请，王开明此次的因工受伤被认定为工伤。2016 年 4 月，正在王开明申请劳动能力鉴定期间，田美霞得知车床厂已被孙向前和刘荣申请注销了。

王开明因双手失去劳动能力，家庭也就没有了收入。王开明之前所在的车床厂被注销了，一家四口的生计已然成了大难题，田美霞为此惆怅不已，终日愁眉苦脸。

王家突遭变故的消息很快便传遍了大街小巷。街坊邻居都陆续到王家来看望和安慰王开明和田美霞。当得知王开明之前工作的车床厂已经不存在时，大家都献策献力，其中就有人建议田美霞去找原来车床厂的法定代表人孙向前索要赔偿。

2016 年 6 月 30 日，经市劳动能力鉴定委员会鉴定，王开明的伤残等级为三级。看着两个天真无邪的孩子，以后可能因为自己父亲的伤残而无法像别人家的孩子那样生活富裕，田美霞找到孙向前家里欲讨个说法。

孙向前先对田美霞表达了关切和安慰，后向田美霞说明了自己目前的困境，并提出愿意给田美霞 50000 元慰问金，但并没有提及王开明的医药费和伤残补助金。一向和善的田美霞一改往日的随和态度，坚决要求孙向前承担王开明的医药费、伤残补助金、两个孩子的抚恤金等 30 万元。孙向前直接告诉田美霞，王开明是在车床厂上班期间受伤的，现在车床厂已经不存在了，要怪只能怪王开明太倒霉。

在田美霞索赔无望后，王开明一纸诉状将孙向前告上了法院。法院经审理，最后判决王开明因工作受伤，后被市劳动能力鉴定委员会定为因工伤致三级伤残，王开明应享受工伤保险待遇。但原车床厂未为王开明办理工伤保险，故原车床厂应该支付王开明的工伤保险待遇。被告孙向前明知王开明遭受工伤，在清算过程中应当考虑而未考虑王开明的工伤保险待遇的给付问题，给原告王开明的利益造成了重大损害，被告的行为属于重大过失，被告应赔偿原告的损失，包括一次性工伤医疗补助金、一次性伤残补助金、停工留薪、鉴定费等各项费用共计 28 万元。

# 21. 超龄农民工维权　三年后终获双赔

60 岁本该是颐养天年、享受天伦之乐的年纪，可在广大进城务工人员中，年逾六旬的超龄打工者并不鲜见。出身于江西省某县城的老王便是这样一位农民工。

老王，1950 年出生，家中排行老五，父母在他很小的时候因不幸患病离世，老王由其哥哥抚养长大。老王是一位勤劳肯干的人，一直在县城打零工。2005 年老王 55 岁，用一辈子打零工攒的血汗钱在县城买了房子。从此，老王、老王的妻子和 15 岁的儿子小王一家三口成了名副其实的县城人。

老王的妻子刘希珍是一位刀子嘴、豆腐心，个性很强的女人，家里大小事都是她说了算。刘希珍的脾气不好，一遇到不开心的事就冲着老王发脾气。老王秉持着“忍一时风平浪静，退一步海阔天空”的态度，在妻子发脾气时多是保持沉默。刘希珍总是嫌老王挣钱太少，干活手脚太慢。俗话说：怒伤肝。长期在愤怒刺激下的刘希珍，于 2009 年被诊断出肝癌晚期。此时，小王刚上某大学一年级，专业为法学。

刘希珍和老王是中年得子，虽然刘希珍爱冲老王发脾气，但刘希珍对儿子小王是百般疼爱。得知自己肝癌晚期时，刘希珍为了省下治病的钱，让儿子能有钱上大学，从娘家所在的农村买了农药，留下遗书后，一瓶农药下肚，撒手人寰。

刘希珍走后，老王一下子就委顿了。在外人看来，原本就苍老的老王一下子又老了好多岁。终日以酒为伴的老王颓废了半年后接到儿子成绩全年级第一，获得国家奖学金的好消息。老王想起了妻子的遗言，如醍醐灌顶似的清醒了，振作了。清醒振作起来的老王四处托熟人打听，于 2010 年在儿子大学所在地北京的某物业管理公司谋得一份绿化保洁工作，月薪 2000 元，以现金形式发放。

单位虽然没有与老王签劳动合同，也没有为其购买任何形式的保险，但是因为在北京方便与儿子聚聚，还能为首都的绿化工作贡献自己的一份力量，老王内心很知足，也很开心。

2011年12月，已经工作了一年多的老王上班期间去买保洁工具，在回物业公司的路上，被一辆小轿车撞伤。经医院诊断，老王三根肋骨骨折。事发时，老王已经61岁。

得知父亲受伤后，正读大三的小王向小轿车车主和物业公司提出索赔。

小轿车车主周兵一口咬定自己在经过物业公司时，是老王自己手上保洁工具太多，没站稳倒在自己爱车上的。周兵以自己没有过错，老王有过错为由只愿意承担10%的机动车事故责任。学习法律的小王知道如果事实真的是这样，根据法律的规定，周兵确实只需要承担10%的责任。

令小王不可思议的是，当小王将周兵的说辞告诉老王时，老王将周兵送到医院的水果都掀了。他怒不可遏地告诉小王自己在过马路时，是周兵车速太快没刹住，将自己撞倒，现在周兵竟然反咬一口，简直欺人太甚。小王深知父亲从不撒谎，周兵撞了人便想赖账。

如果说是周兵的无赖让父亲生气，身边同事认为老王是想通过碰瓷讹钱就让老王更加愤怒了。小王知道一生凭自己良心做事挣钱的父亲最受不了别人的误会与冤枉，便发动身边的资源为父亲洗刷冤屈。

为了证明父亲所言不虚，小王到父亲所在的物业公司保安处请保安调出公司外面马路的监控录像。保安闪烁其词地告诉小王，公司这段路虽然安装了摄像头，但是只存储一天的数据，事情已经过了这么多天，数据早就没有了。小王目不转睛地看着保安，但保安不敢直视小王的眼睛。从保安不敢直视自己的眼睛这一细节中，小王的直觉告诉他保安在撒谎。小王给保安讲了父亲一生在小县城给别人打零工的故事，讲了母亲走后父亲一蹶不振的故事，讲了自己发奋学习拿国家奖学金为振作父亲的故事……不知是小王讲得感人，还是父亲的故事感人，保安二话没说，将监控录像调出来给了小王，并告诉小王，自己之前不给也是良心不安，但自己也有不得已的苦衷，还望小王理解。虽然小王不明白保安的苦衷是什么，但保安能把监控录像给他，他仍然是充满感激的。

有了监控摄像证据，小王再去找汽车肇事者时，肇事者为了息事宁人，赔偿了老王的医疗费等相关费用。

肇事司机赔偿后，小王请求物业公司为父亲申请工伤鉴定。物业公司负责人力的工作人员告诉小王，老王已经 61 岁了，属于超龄工人，单位无法为其缴纳工伤保险费，不能享受工伤保险待遇。小王反驳道："我国农民没有稳定的收入，不少农民即使到了 60 岁，也选择外出打工。而且农民工从事的工作大多又累又危险，工伤事故时有发生。工伤保险制度设置的目的便是保障受伤害职工的合法权益，因为职工年龄的问题而不能享受工伤保险待遇是很荒谬的。"

2012 年 1 月，父亲受伤一个月后，小王为父亲向区人力资源和社会保障局申请工伤鉴定。区人力资源和社会保障局以不存在劳动关系为由认定老王受伤不属于工伤。2012 年 3 月，失望的小王又向北京市劳动争议仲裁委员会申请认定父亲与物业公司存在劳动关系，仲裁委员会认为老王作为物业公司的职工，虽然年龄超过 60 岁，但老王有在物业公司的考勤记录和工资记录，因而存在劳动关系，并支持了老王的工伤保险待遇请求。2012 年 6 月，区人力资源和社会保障局最终将老王因交通事故造成的伤情认定为工伤。物业公司不服区人力资源和社会保障局的工伤认定申请，向区法院提起诉讼。2013 年，区法院以老王发生事故时已超过法定退休年龄，用人单位无法为其缴纳工伤保险费，老王已经不符合享受工伤保险待遇的主体条件为由支持了物业公司的请求。老王不服一审法院判决，向北京市某中级人民法院提起上诉。2014 年年初，中级人民法院经审理认为，老王已经被认定为工伤，其工伤保险待遇应由物业公司参照《工伤保险条例》的规定支付。

物业公司法定代表人沈某不服二审判决，向北京市高级人民法院申请再审。就在物业公司申请再审期间，2014 年 5 月，北京市高级人民法院和北京市劳动争议仲裁委员会发布了《关于劳动争议案件法律适用问题研讨会会议纪要（二）》，其中第四十九条明确规定，超过法定退休年龄的农民工因无法享受工伤保险待遇而主张工伤保险待遇赔偿的，应予支持。超过法定退休年龄的农民工受到第三人侵权，第三人侵权赔偿并不影响其向用人单位主张给予工伤保险待遇赔偿。其后，北京市高级人民法院作出民事裁定，驳回了物业公司的再审申请。

法律终究是正义的。为父亲维权成功的小王为自己学习了法律而自豪，决心毕业后为更多像父亲这样的弱势群体提供法律服务，维护他们的合法权益。

# 22. 工伤维权耗精力　不得已“委屈求快”

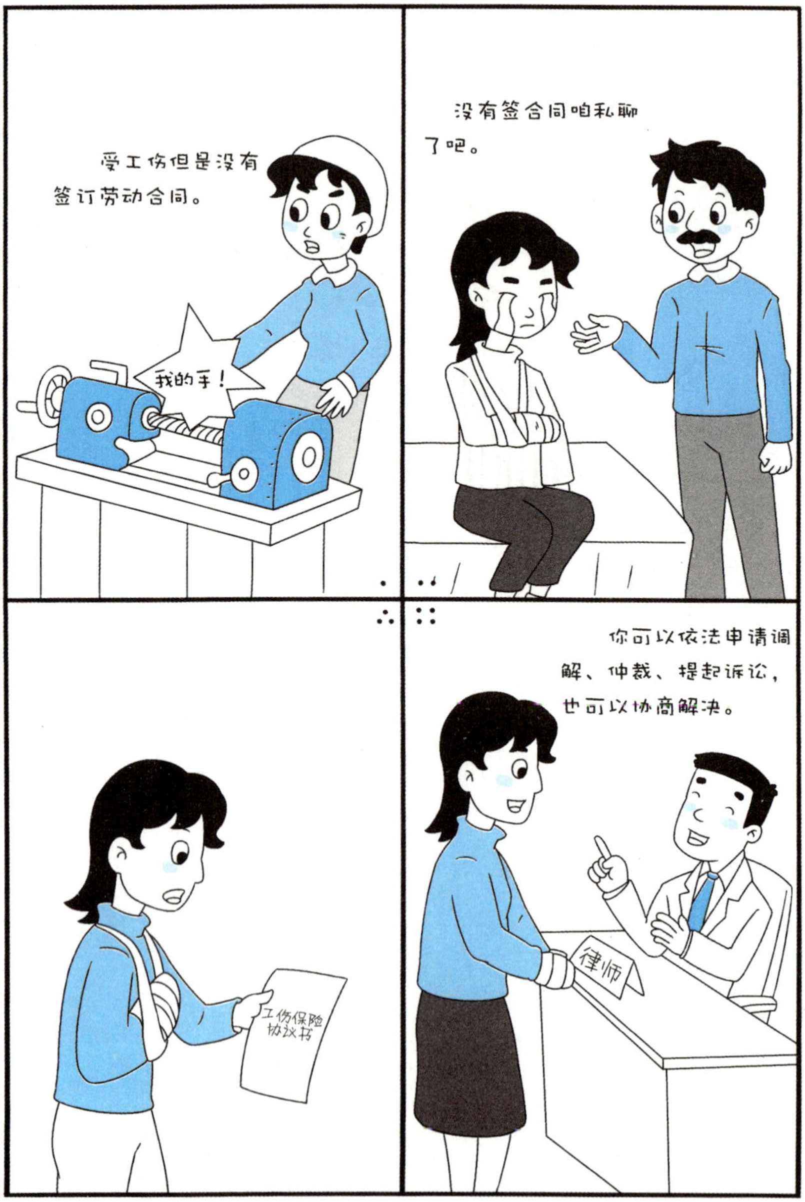

“4 根手指，10 万元。”在湖南省常德市一家机械厂打工的湖南籍打工者肖静，在断了 4 根手指后，最终在 2016 年 7 月选择和老板私了。

2015 年 6 月 18 日，肖静在工作中不幸遭遇工伤，她右手除大拇指外的 4 根手指全部压入分条机内，但由于没有与工厂签订劳动合同，就连工资条都是老板娘用圆珠笔写的，因此肖静觉得很难通过正规的工伤赔偿程序获得赔偿。

“我们等不起这场持久战。”肖静的父亲说，“这个过程太耗人了，递交材料审核要很长时间，有了结果老板不服反诉，又要再等，很多人等不起。”

工伤问题一直是劳动关系的热点和难点。有数据显示，涉及工伤的劳动争议案件已经超过劳动争议仲裁的三成，而且随着工伤认定政策的宽泛化，工伤争议案件呈现出不断上升的趋势。其中，很多受了工伤的劳动者因为种种原因选择私了，有的还与用人单位签订了工伤私了协议。

职工在发生工伤事故后，选择私了的情况在现实中十分普遍。据 2019 年发布的《建筑业农民工劳动保护与工伤维权调研报告》数据显示，67.1% 的工伤工人最后接受了私了的方式。

老吴是肖静的老乡，也是一名受过工伤的建筑业农民工。老吴知道肖静的事情后，无奈地告诉她，2012 年夏天，他在北京市海淀区温泉镇的一个建筑工地工作，仅当年 4 月至 7 月，这个工地就发生了 接近 20 起事故。

无论是开发商还是建筑总承包单位，没有对其中任何一人主动提出过工伤认定，只有 3 人走上了个人申报工伤认定的维权路。最后成功维权且拿到赔偿的，仅有老吴一人，其他人大多选择私了解决。

“官司打了 3 年，才拿到赔偿款，我是接受法院调解的，要不还得拖更久。”老吴对肖静说。听完老吴的经历，肖静悲从中来。

肖静找来各种关于工伤保险的书籍，在网上大量搜索关于工伤保险的案例，努力后的结果让她寒心。

在目前的实务中，由于现行劳动争议处理制度规定得不够简单、灵活，特别是关于工伤赔偿程序规定必须先确认劳动关系（职业病患者还需进行职业病诊断），再经过工伤认定，而后是劳动能力鉴定，最后才能申请工伤赔偿。在这几个程序中，如果用人单位对任一程序提起异议，可能还要经过“一裁两审”等。即便是一个简单的工伤赔偿案件，整个程序下来也要一年以上的时间，若碰上复杂的案件可能要拖上几年。像自己现在这样既没有与机械厂签订劳动合同，又没有工资条，机械厂肯定会对劳动关系的确认提出异议，很有可能还要经过仲裁裁定，最后搞不好还会闹到法院去。家里现在刚买完房子，还有几万元的欠债，肖静不忍心让爸妈为自己的事情再去找亲戚借钱。为了避免诉累，及时到医院治疗，肖静有了和机械厂老板私下沟通解决这件事情的想法。

当肖静将自己的想法告诉老板时，老板竟然理直气壮地对她说：“别人都没有出事，是你自己不小心造成事故的，我们现在给你 10 万元，支付你的医疗费和生活费，但你必须与我们签订《工伤赔付协议书》。”

《工伤赔付协议书》约定，肖静领取 10 万元赔偿款后，即放弃对剩余赔偿款再次追偿的权利。肖静因为急需花钱看病只好“望而却步”，不得已而私下与机械厂签订了赔偿协议。

肖静知道在实践中，不少用人单位特别是没有参加工伤保险的用人单位为了逃避工伤赔偿责任，常常采取胁迫或者利诱等方式要求与劳动者签订一份工伤赔偿协议，承诺赔给劳动者一些钱，但要求劳动者放弃索赔的权利和部分应有的待遇。

肖静拿到机械厂的 10 万元赔偿金后，为了能让女儿重新拥有健全的双手，肖静的父母将所有亲朋好友能借的都借遍了，终于为肖静进行了手指再接手术，共花去医药费、护理费等各项费用 20 余万元。父母为自己背上巨额债务，肖静自责又懊恼。

让肖静不可思议的是，与机械厂签订了《工伤赔付协议书》后，机械厂立刻先后为肖静申请了工伤鉴定和劳动能力鉴定，并于 2016 年 10 月从工伤保险中心处获得肖静一次性伤残补助金、伤残津贴和一次性工伤医疗补助金等各类补助共计 30 万元。

一边是朴实的父母为了还自己健全的双手，不惜四处奔波借款，另一边是机械厂趁自己需要用钱之际，与自己签订不平等的《工伤赔付协议书》，肖静总觉得有些不对劲，也很不公平，但一想起自己已与工厂签订了《工伤赔付协议书》，痛苦又无奈。

在痛苦与内疚折磨下的肖静，于2016年12月将自己的不公经历告诉了某律所的律师。律师告诉肖静，《工伤保险条例》第五十四条规定："职工与用人单位发生工伤待遇方面的争议，按照处理劳动争议的有关规定处理。"根据《劳动法》第七十七条的规定："用人单位与劳动者发生劳动争议，当事人可以依法申请调解、仲裁、提起诉讼，也可以协商解决……"《劳动争议调解仲裁法》第四条规定："发生劳动争议，劳动者可以与用人单位协商，也可以请工会或者第三方共同与用人单位协商，达成和解协议。"可见，法律允许用人单位和劳动者协商解决工伤赔偿事宜。但对于职工受伤后，私了协议是否具有法律效力的问题，我国法律目前没有明确的规定。但当事人对协议有异议提起诉讼的，法院应根据实际情况，结合公平原则与当事人意思自治原则作出判断。

此外，《合同法》第五十四条规定："下列合同，当事人一方有权请求人民法院或者仲裁机构变更或者撤销：（一）因重大误解订立的；（二）在订立合同时显失公平的。一方以欺诈、胁迫的手段或者乘人之危，使对方在违背真实意思的情况下订立的合同，受损害方有权请求人民法院或者仲裁机构变更或者撤销……"但该律师提醒肖静，《合同法》第五十五条规定："有下列情形之一的，撤销权消灭：（一）具有撤销权的当事人自知道或者应当知道撤销事由之日起一年内没有行使撤销权；（二）具有撤销权的当事人知道撤销事由后明确表示或者以自己的行为放弃撤销权。"在司法实践中，常见的以下三种情况，劳动者可以反悔并要求撤销协议：在未经工伤认定和劳动能力鉴定之前就签订私了协议的；私了协议约定的赔偿金额明显偏低的；签订私了协议后病情加重的。

"你与机械厂签订的《工伤赔付协议书》中的赔偿金额明显偏低，你可以请求法院撤销该协议书。”律师对肖静说。在律师的指导下，肖静将机械厂一纸诉状告上了法院，请求法院撤销她之前与机械厂签订的《工伤赔付协议书》，并返还自己的工伤保险待遇费用。

最终，肖静胜诉，机械厂没有提出上诉。通过法律维权的道路虽然艰辛，但也只有法律才能真正维护当事人的合法权益。

# 23. 承包快递员出事　发包方连带责任

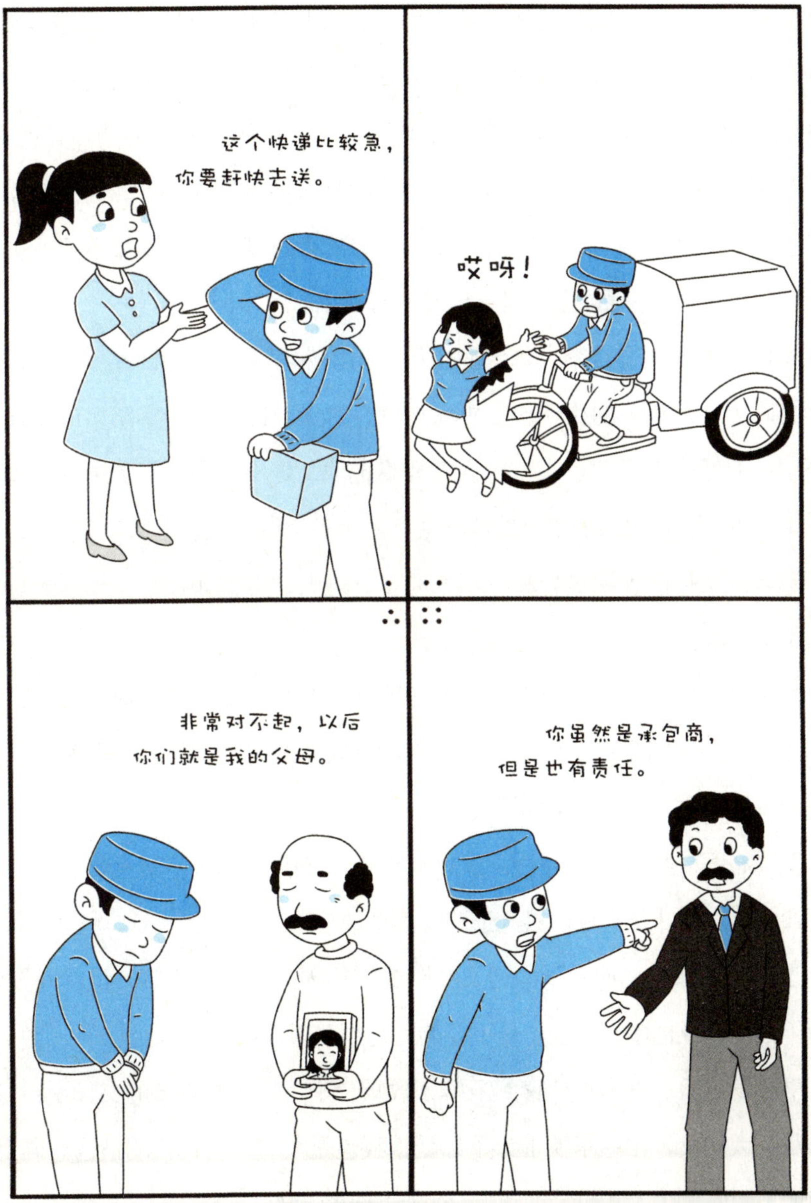

当今社会，随着网络科技和物流业的迅速发展，快递业务也蓬勃发展，而快递员则成了城市生活不可或缺的组成部分。他们不顾风吹日晒，骑着电瓶车，穿梭于城市的各个街角。

李力便是这样一位快递员。自 2014 年 7 月起，在青岛某快递公司从事快递业务的李力，是胶西区域的快递负责人，快递业务主要有揽收和派件两类，揽收业务除上交一定费用外其余自留，派件费用每件一元，按月现金结算。李力从事快递业务使用的车辆是自有的电动三轮车，送快递的交通费用自己负担。为了尽可能多地接收和配送快递，李力只能与时间赛跑。因此，路上的李力总是以高于常人两倍至三倍的速度行车。李力的妻子多次劝阻他安全第一，李力总是嘴上应付着，一回到工作上，依然我行我素。

2016 年 8 月 1 日是李力母亲的生日，家里人都等着李力回家一起吃饭。平时不到晚上 6 点李力的快件便都可以送完，这天市区有个十字路口的交通信号灯坏了，交通瘫痪了两个小时，行人都难走动，好不容易从缝隙中挤出来的李力看了看手表，发现很晚了，便疯狂地飞奔至各个目的地。

卫馨，某超市收银员。2016 年 8 月 1 日这天，卫馨如往常一样下班后骑着共享单车回家。

晚上 7 点多，李力驾驶的电动车三轮行驶至胶州市某路东侧路段时，突然下起了雨。李力因未看清前方路况，与由南向北卫馨所骑的自行车相撞。由于李力的车速太快，直接将卫馨撞飞，导致她头着地受伤。

卫馨经医院抢救无效死亡，事故经胶州市公安局交通警察大队勘查，未作出交通事故责任认定，仅出具《道路交通事故证明》一份。

李力的母亲是一位善于沟通又精明能干的人，知道祸已闯，虽然儿子内疚万分，但现在说再多都无益，最重要的是得到卫馨家属的原谅。

事故发生后，李力携全家到卫馨家致歉。李力母亲对卫馨的父母说："这么一个黄花大闺女，出这事搁谁都不好受，我也是父母，对你们的遭遇感同身受。但现在不幸已发生，我希望尽我们全家所能来弥补你们。"

李力也万分歉疚地说："事故是我造成的，您二老以后就是我的父母，我来照顾您二老的后半生。"

卫馨的父母是深明大义的人，虽然女儿的不幸离世让他们悲痛欲绝，但他们也知道这样的不幸是谁都不愿意看到的，何况事已至此，即便再责怪李力也换不回女儿的性命。看在李力一家如此真诚认错的态度上，在交警部门的调解下，李力与卫馨的父母达成赔偿协议，赔偿卫馨父母22.5万元。

李力赔偿后，其母亲又给他的妻子董丽做思想工作。董丽嫁到李家不到两年，碰到李力因发生事故将二人所有的积蓄都赔完还欠下债，李力的母亲担心董丽会有想法。于是她告诉董丽，李力是自己从小看到大的，他是一位踏实又肯干的人，很心疼自己的母亲，也会很体贴自己的妻子的。

董丽是一位善良的女人，知道勤劳致富，夫妻同心，其利断金。而且婆婆也是一位善解人意又明事理的人，丈夫李力也很靠谱，在婆婆的劝解和宽慰下，董丽打消了之前对未来生活的担忧。

陈为民是李力所在的青岛快递公司的负责人。李力安抚完卫馨的家人和自己的家人后，认为自己是陈为民雇用来的，是在送快递的路上发生的交通事故，属于因工作原因导致事故。如果这次事故出事的是自己，应该能享受工伤保险待遇。虽然不是自己出事，但快递公司一点责任也不负好像也不对啊！想到此，李力便去陈为民家找他赔偿其损失。

陈为民于2012年承包山东某快递股份公司在青岛的快递业务，并成立青岛某快递公司，属于山东快递股份公司的承包人。陈为民的青岛快递公司内部分为外聘员工和内部承包商两种，其与李力是内部承包商关系。

面对愠怒的李力，陈为民拿出与李力签订的《胶州某片区承包合同》说："咱们之间是承包关系，不是雇佣关系。"

该承包合同上明确约定，乙方（李力）在全面了解甲方（青岛某快递公司）经营状况、运作模式的基础上，自愿遵守甲方的各项规章制度以及服从甲方统一品牌、统一公司形象、统一运作模式、统一价格运算、统一服务标准等有关规定，申请作为甲方的加盟承包商，并约定：甲方授权乙方在“北关、胶北”区域为经营范围，乙方不得超出此区域经营，如有发现者扣除风险保证金的30%；乙方需在合同约定的范围从事业务，乙方作为独立的业务主体，在经营期间独立核算，自担风险，自负盈亏；合同自2014年7月1日起至2017年1月31日止；合同期满后，甲方在同等条件下，优先选择乙方作为甲方的加盟承包商；乙方的经营风险、法律责任和所加盟经营区域的业务开发等均由乙方承担，甲方不承担任何有关或相关连带责任。

李力看到合同的甲方处有陈为民的签字，乙方处有自己的签字。

陈为民接着对李力说：“你的工资也不是由我负责的快递公司支付，而是自己根据快件多少提成，所以你并非快递公司的员工。”

李力索赔无果后，懊恼又不甘心，于是将快递公司告上了法院，请求法院判决快递公司承担其部分损失。

法院经审理，认为陈为民是快递业务的发包人，李力是快递业务的承包人，在李力已经“对外”赔偿受害人的前提下，陈为民如何承担责任的问题实际是发包承包关系内部责任承担的问题。退一步讲，如果涉案交通事故的李力没有赔偿受害人卫馨，受害人在主张陈为民和李力赔偿的情况下，这种“对外”的赔偿，陈为民是有赔偿义务的，但是在其赔偿后，可以按照其与李力的约定再向李力追偿。

本案中，李力已经赔付，再回头向陈为民追偿，那么陈为民应否赔偿，应该看双方的约定和陈为民在发包问题上有无过失。双方的合同中约定有“乙方的经营风险、法律责任和所加盟经营区域的业务开发等均由乙方承担，甲方不承担任何有关或相关连带责任”，因此，李力因交通事故发生损害赔偿，责任主要应由本人负担，但是陈为民将快递业务的某一区域发包于李力，应对李力是否具有相关设备、能力等情形进行合理审查。事故时李力驾驶的电动车带有“某快递”字样，且李力超速驾驶，所以陈为民在承包人的选任审查及管理督促问题上存有不足，据此，判决陈为民应承担相应的责任，责任的大小酌情确定为15% 的比例，即为 33750 元（225000 × 15%）。

一审法院判决后，陈为民以自己也只是山东某快递股份公司的承包人，该损失应由山东股份公司承担为由起诉山东快递股份公司。法院经审理认为，山东某快递股份公司不是李力所从事快递业务的直接特许人，而是中间通过陈为民这一间接特许人，其对李力不负有直接的审查、管理、监督义务，又与涉案交通事故无关，故不应承担赔偿责任。因此，法院驳回了陈为民的请求，陈为民没有提起上诉。

虽然陈为民赔偿不多，但法院的判决让李力宽了心。此次事故后，李力再也不将妻子“安全第一”的警示抛诸脑后了，从此按正常速度揽件送件。

肆

# 未成年人与老龄人保护篇

## 24. 保护未成年人身心　禁止向其出售烟酒

张力在四川开商店已经有四五年时间了，以前在零售行业打过很长一段时间的工，那段时间的接触让他对当地市场有了一定程度的了解，于是就在家乡的小县城开了一家商店，从此开始了他的创业之旅。

回忆起刚回到家乡时，为了让生意做得更大更好，张力夫妻俩多次考察县城的零售市场，准备抢占先机攻占这块市场。县城人口较多，零售市场还是比较大的，经多次考察后，夫妻俩在 2007 年决定来县城发展，商店于 2007 年 3 月在县城中一个住宅区开张了。为了养家糊口，夫妻俩每天早出晚归，对商店的经营丝毫不敢松懈，生意在夫妻俩的用心经营下也日渐红火，80 多平方米的店面 2007 年一年的营业额达到 20 多万元，生意很不错。张力夫妻俩一直希望把自己的商店扩大规模，这几年每年营业额都高达 20 多万元，让他们对县城零售市场的发展前景更加乐观。开店初期的借债还清后，他们想要扩大生意再开一家商店。

开店最先要考虑的问题就是选址，选好地址才能把握住客源，增加商店的营业额。两种地方是最好的选择：一是居民居住密集的地方，二是商业街道。居民有着很大的生活品消费需求，在住宅区开一家商店无疑是很好的选择，而商业街道各种店面聚集，人流量较大，无形中会增加商店的客流量。既然第一家店开在了住宅区门口，这一次张力夫妻俩把眼光放在了县中心的繁华街道。2011 年年初，在对县城中的繁华街道进行了一次次考察后，他们相中了一家位置较好、人流量较多的门面，100 多平方米的店面一年的租金就要 15 万元。尽管当时家中已经有了几万块的存款，但是他们还要照顾年迈的父母，儿子也在上初三，正是开销大的时候，一下拿出 15 万元不太现实，超出预期的租金让张力犯了愁。正在张力愁眉不展时，儿子张智的一句话让他有了新的想法。原来，张智所在的中学是县城里的重点中学，除了城里的走读学生，还有不少离家较远的住宿生，无论是走读生早晨起得晚了来不及吃早饭，还是住宿生午饭想要换个口味，都爱去学校周边的小店。张力夫妻要早起忙商店的生意，一般都是给张智钱让他在上学路上顺便解决早饭，而张智最喜欢光顾的那家店马上就要不开了，所以张智这天晚饭时就抱怨了一句最爱吃的烧饼吃不到了。张力听了儿子的话觉得奇怪，便向他询问具体怎么回事。张智就如实向爸爸说了，烧饼店的老板是外地人，这些年一直背井离乡开店卖烧饼，现在年岁大了便想转租店铺回家乡。而张力最近正愁没有合适的店面，猛然一听儿子说有人要转租店铺便上了心：学生也是很大的消费群体，之前总是考虑商业街或住宅区，其实学校周边也不失为一个好的选择。张力将自己的想法告诉妻子，妻子也很赞同，两人商定事不宜迟，第二天就直接去儿子的学校周边实地考察。

第二天一大早，张力夫妻就随儿子一起来到他的学校，学校周边的商家已经早早地营业，各位店主忙着应对走读生这批顾客。看到每家商铺都聚集着一群学生，张力觉得不虚此行，张力的妻子也放下心来，如果在这儿租店面开商店，卖一些现成的快餐绝对不愁销路，再加上日用百货，相信生意不会比在商业街开店差。打定主意，张力夫妻便按照儿子的指引来到要转租的烧饼店，果然看到店铺门口有一张大大的转租广告。很快，买完早饭的学生们结伴而去，张力看烧饼店不再那么多人后便走了进去，找到店主说明来意，表示想要看看店面，如果合适就租下这个店面。因为算是急转，店主一直担心没有合适的租户，没想到这么快就有人专门赶过来，店主便放下手头的工作，细致地向张力夫妇介绍店面的结构。店面一共两层，一层用来开店营业，面积不小，二层一部分可以用作仓库存放东西，另一部分可以当作宿舍。张力询问了一层的面积，跟他们的第一家商店面积差不多大，再加上二层的空间完全满足张力的要求。张力的妻子也很满意，因为夫妻二人忙着生意，没有太多时间照顾儿子张智，如果租下这个店铺，二层可以装修一下用作住房，中午张智就不用在学校和家之间跑来跑去，而可以直接在商店休息，中午还能吃妈妈做的饭，可谓一举多得。了解了店面的情况，接下来就是租金的问题了。张智经常光顾烧饼店，跟烧饼店的老板很熟悉，听了张力提起想到要租店面是因为张智的一句抱怨，不由得心生好感，再加上想要尽快转租所以就没有高价转租，直接将租金定为一年10万元。张力明白这样的环境和条件，店主的确已经将租金压到了最低，但是10

万元对于他们来说仍旧不是一个小数目。不过相比商业街更为昂贵的租金，张力觉得各方面来看这家店面的性价比最高。为了改善家里的经济状况以及给孩子提供更好的成长和教育环境，张力夫妻俩最终决定租下这个店面，在县城开他们的第二家商店。在资金有限的情况下，他们承受巨大压力是可想而知的。为了支持他们的创业之路，张力夫妇的父母拿出了平时省吃俭用的存款给他们做生意，各自的兄弟姐妹也凑了钱，朋友那里也是能借多少借多少。多亏了亲人朋友的支持，张力夫妻俩凑够了钱，有了租店面的资本。新店面的合同一口气签了五年，对于店面的装修更是精益求精。为了让这个100多平方米的新店面发挥它的最大功效，他们将店面装修规划得很合理。新店面一层摆了几个货架，按种类放着各类商品，靠近门口的位置还有一个小的煎饼摊位，楼上则分为两间房，一间存放商店的货物，另一间则布置成休息室。很快，干净卫生的美味煎饼吸引了很多学生，而商店合理的价位也满足了学生的日常需求，每天的人流量很大，生意也越做越好。

经过一段时间的观察，张力发现很多住宿生也跑到校外来买东西。原来校内商店的商品种类有限且价格较高，而这些学生对商品种类的需求比较多，于是他默默地记下了学生们的需求，在进货时不断丰富商品种类，既有各类零食，也有一些文具和日常用品，做的牌子都是比较好的，货品组合比较丰富，品牌的价位比较实惠，性价比很高。就在生意越来越好的时候，商店却遇到了一些问题。

这一天下午，张力正在摆放新进的货物，妻子坐在柜台后算账，商店进来了几个人，自我介绍是县烟草局的工作人员，最近接到反映，很多学生在学校周边的商店、超市购买烟，所以来调查监督商店的卖烟对象。工作人员出示执法证后便对张力说："近来生意还好吧？今天我们要对您超市的卖烟对象进行一次专项调查，请您配合。"张力立刻放下手头的工作道："好的，没问题。"张力的妻子也赶忙跟着应和。"您别紧张，我们就是了解情况，问您几个问题。平时有未成年人到您店里来买烟吗？"另一位工作人员说。张力回忆了一下开店以来的情况回答：“店里一般都是我在忙，所以我还是很清楚情况的，确实有孩子来我店里买烟。”工作人员追问：“他们来买烟，您卖给他们吗？”“卖啊！”张力的妻子答道。“‘不向未成年人出售卷烟’这一规定您应该知道吧？”工作人员问道。张力手指向柜台上的警示标志说：“知道。今年 5 月，你们的稽查员已经在我的卷烟柜台上张贴了‘不向未成年人出售卷烟’的标志了。”工作人员不解：“您既然知道，为什么还卖烟给他们？”张力无奈答道：“我就是开商店卖东西的，需要赚钱养家，小孩一般都说是帮大人来买的，这样的上门生意我怎么能拒绝呢？再说，我不卖给他们，他们也会去其他的店购买。”“未成年人正处于成长期，辨别力差，模仿能力强，受好奇心驱使很容易形成吸烟的不良习惯。看您年纪，您孩子也是未成年人吧，作为一个家长，您希望自己的孩子吸烟吗？”工作人员耐心解释。这下子张力夫妻异口同声地说：“当然不希望！”看张力夫妻着急的样子，工作人员便向他们科普了国家禁止向未成年人售烟的相关法律规定：“《未成年人保护法》规定禁止向未成年人出售烟酒，经营者应当在显著位置设置不向未成年人出售烟酒的标志；对难以判明是否已成年的，应当要求其出示身份证件。《烟草专卖法》还规定劝阻青少年吸烟，禁止中小学生吸烟。烟草法律法规上明确规定，要求卷烟零售客户做到不向未成年人出售卷烟；否则，会受到相应的处罚，甚至会被取消从事卷烟经营的资格。《预防未成年人犯罪法》第十五条规定，未成年人的父母或者其他监护人和学校应当教育未成年人不得吸烟、酗酒。任何经营场所不得向未成年人出售烟酒。”张力听了工作人员的讲解，终于意识到问题的严重性，表示这烟确实不能卖给未成年人：“我不但自己要守法经营，不向未成年人卖烟，还要劝那些家长不要让孩子来买烟。”“那就好。我们先走了，再见。”工作人员见目的达到就赶往下一家商店了。张力向离开的工作人员保证：“放心吧！从现在起，我绝不再向未成年人卖烟！”

送走烟草局的工作人员后，张力夫妻都很感慨。说实话，张力之前确实不了解卖烟给未成年人的严重性，他一直都认为这也是生意的一部分，开店做生意，顾客上门岂有不卖之理？做了几年的生意，身边熟悉的商家都是这么做的。

这次烟草局工作人员的一席话让张力切实意识到不能再向未成年人卖烟了。听到一条条相关法律规定，张力总算明白这不是做生意赚钱的事情，还涉及是否违反国家法律，再加上推己及人，张力想到了儿子张智，哪位家长不希望孩子健康成长呢？张力绝对不会让儿子在成年之前就吸烟，那么自己当然也应该为其他孩子多考虑，不再给他们吸烟提供便利。于是，张力便跟妻子一致决定遵守法律，保护未成年人身心健康成长，再也不向未成年人卖烟。

当天晚饭时间，张力一家人边看电视边吃饭，新闻时间的主题正是禁止向未成年人出售香烟。原来，本市一位中学的老师在网上发帖反映，她发现学校周边的几家商店偷偷卖烟给学生，有的商店还提供吸烟场所，这位老师呼吁有关部门管一管。记者走访了市区一些出售烟草的超市和商店发现，公然卖烟给未成年人的商家不在少数。“拿盒 10 块的雪莲。”电视中一名上身穿黑色棉衣、下身穿校服裤的男生在一家商店买烟，老板递过烟接过钱，记者问道：“经常有学生来买烟吗？”老板回答：“有，下午放学了多。”当记者再次问：“店里怎么没有‘禁止向未成年人出售香烟’的牌子？”老板不再说话。走访中记者发现，一些规模较大的商场超市、烟酒专卖店内有“禁止向未成年人出售香烟”的标识，而大部分小商店都没有这个标识，更没有商家阻止来买烟的未成年人。发帖的老师还介绍，学校调查时，有学生承认在超市里买烟的事实，学校找过派出所和烟草局，但是超市依然在向学生卖烟。记者随机采访了一位学生家长王先生，王先生表示学生抽烟已是普遍现象，每次去接送孩子，都看到初中、高中模样的学生边走路边抽烟。一位不愿透露姓名的店主说：“烟草局给我们宣传过向未成年人售烟违法，但有的孩子来买烟，他说是给家长买的，你说我咋判断？学生抽烟还是应该家长好好说教。”据市烟草专卖局的一位负责人介绍，虽然法律上有明确规定，但现实生活中，执法主体不明确。对此种现象，烟草局给卷烟零售店发放过警示牌，也对违规商家做出过警告和限制供货的处罚，但仍未能制止。“市民如发现向未成年人出售香烟的商家，可以拍照留证，拨打 8812313 进行举报。”该负责人说，学校周边一直是重点监控区域，他们将根据市民的反映，排查周边商店。新闻最后，市烟草专卖局表示已通知各区县局对辖区中小学校周边的卷烟销售情况、张贴“不向未成年人出售卷烟”警示标识的落实情况进行专项检查。

“难怪下午县烟草局的工作人员来商店检查，原来是市烟草专卖局的要求。”看了新闻，张力恍然大悟地对妻子说。听了父亲的话，张智点点头：“我们学校今天也发通知让学生不要买烟吸烟。”“吸烟对你们这个年纪的孩子来说，危害很大。你要听学校的话，不要买烟吸烟。以后咱家商店也不再向你们这些未成年人卖烟了。”张力趁机教育儿子。张智赶紧保证：“嗯，我知道，我和朋友们都不吸烟。”

未成年人是一个弱势群体。他们的生理、心理发育都还不成熟，世界观、人生观尚未形成，辨别是非、区分良莠的能力比较差，抵御社会上不良风气侵袭、诱惑的能力还比较弱，易受侵害。未成年人的这些特点决定了对他们需要予以特别保护。对他们的保护，不仅靠家庭、学校，社会也有义不容辞的责任。为了保障未成年人身心健康，培养其良好品行，我国法律规定，经营者不得向未成年人出售烟酒，否则即违法。《未成年人保护法》第十一条规定：“父母或者其他监护人应当关注未成年人的生理、心理状况和行为习惯，以健康的思想、良好的品行和适当的方法教育和影响未成年人，引导未成年人进行有益身心健康的活动，预防和制止未成年人吸烟、酗酒、流浪、沉迷网络以及赌博、吸毒、卖淫等行为。”《预防未成年人犯罪法》第十五条规定：“未成年人的父母或者其他监护人和学校应当教育未成年人不得吸烟、酗酒。任何经营场所不得向未成年人出售烟酒。”这就是说，作为家长，必须履行教育孩子的义务，向未成年子女说明抽烟、喝酒的危害性；作为经营者，应当守法经营，不能利欲熏心。

这次的检查只是张力开店过程中的一个小插曲，但却让他有了深刻的感悟：赚钱固然重要，但不能贪图一点小利而违反法律，做生意也要多一些社会责任感，关注未成年人成长，为他们尽一份责任。

# 25. 安全规范莫忽视 致人死亡后悔迟

文彩就读于市里排名第一的高中，她喜欢日本漫画，是狂热的手绘爱好者，喜欢一切浪漫的东西。高二文理分班时，她毅然决然地选择了文科班。用她自己的话说，那些理科的公式看上去冷冰冰的没人情味儿，她讨厌这些她认为纯量化没有情感的东西。因为具有这样的性格，文彩的生活一直过得充满诗情画意，但这样的性格也给她增添了不少麻烦。和讨厌公式一样，她也同样讨厌学校那些“不近人情”的校规校纪。高中课业繁忙，学校为了让同学们专心读书，不在其他地方分心，规定女生只能穿校服留短发。这条规定可真是使文彩深恶痛绝透。在文彩的认识里，女孩子在最花季的年龄里就该是最漂亮的。披肩长发、可爱的短裙，除了校服以外的所有漂亮衣服都让她那样的心仪。可是无奈班主任管得实在太严，在学校的时候，文彩也只能对这些心存向往。因为所有的想法都只能埋在心里，她总是有种被束缚的感觉。

转眼高三毕业，终于要告别忙碌的高中生涯，大家都兴奋地规划着自己的人生。填报高考志愿的时候，班上有的同学钦慕法官的威严而报了热门的法学专业，有的怀揣着金融巨子的梦想报了财经专业。但文彩再一次不按常理出牌，她填报了自己一直都喜欢的师范专业，因为孩子们爽朗的笑声让她活得更纯净。虽然文彩平时常有违反校规的叛逆行为，有时也让老师和家长很头疼，但是好在她是个聪明勤奋的女孩儿，在成绩上一直没有掉过队，最后顺理成章地考进了自己心仪的学校和专业。同学和老师都觉得文彩成绩这么好，应该在金融或者法律领域大有作为。可是文彩才不管别人的看法，高考之后的假期，她买来了很多教育类的书，自学了很多大学期间的课程，对大学生活和未来从事教师工作的日子充满了期待。

终于到了大学报到的日子，文彩别提有多高兴了。更让文彩高兴的是，开学第一天她就交到了一个好朋友——赵瑾。文彩和赵瑾是同一个班的，又被分到了同一个宿舍，两人的性格不同，但都是直爽的姑娘。刚开学不久，两个人就成了无话不说的好闺蜜。原本赵瑾报的是会计系，她是个爱推理、爱数字的女生，不太会和人交往，更不要说做哄孩子的工作了。无奈分数不够，最后被调剂到了现在的专业。赵瑾不适应文科专业的学习节奏，她对本专业的学习不是很上心，反而对辅修的数学专业很专注。

大学期间，学校要求学生每个假期都要到指定的学校去实习。同学们可以自行结成对子报名到同一所学校参加实习，学校在安排实习的时候也会适当考虑和尊重大家的意愿进行安排。文彩和赵瑾平时就很聊得来，假期实习时便报了同一所学校的实习，最后被学校安排到同一个班级分别担任实习班主任和实习生活老师。文彩对每次实习都怀有深深的期待与兴奋之情。其实在开学后不久，文彩就厌倦了书本知识的学习，她觉得书本上条条框框的知识内容既无趣又没有实用性，所以一直都希望学校多安排一些实践性的课程。在实习期间，文彩总是能想出很多新鲜的点子，充分调动孩子们参与的积极性。她的教学方式让孩子们的思考能力和动手能力都得到了不小的提高，而她所在的班级也因此经常在学校里举办的各种趣味比赛中获奖。不过，文彩虽然喜欢小孩子，但她爱的是孩子们活泼的一面，她喜欢和孩子们一起玩儿。与其说文彩爱孩子，倒不如说她喜欢和孩子一起玩耍，因为只有在和孩子们玩耍的时候才可以释放自己孩子的天性。在组织孩子遵守纪律、维持秩序方面，文彩可就没有办法，也没有耐心。每当孩子们闹作一团的时候，文彩通常都是手忙脚乱、声嘶力竭才能不出什么大乱子，有时候甚至只能束手无策地在一边干站着。在文彩独自看管班级的时候，总会有小孩子磕磕碰碰的情况发生。好在这些小打小闹都没什么大碍，事后学校的老师也只是叮嘱文彩下次小心一点儿便罢了。

不过几次实习下来，文彩的实习指导老师还是敏锐地发现了文彩的这个缺点。在最后一次实习快结束时，老师找到文彩，语重心长地对她说："文彩，在实习期间你展现出来的创造力和亲和力我们老师都非常认可，你带领孩子们取得的成绩大家也是有目共睹。可是我们也同样发现了你的一点小不足，你做工作有时候还不够细致。在实习开始之前，咱们也进行过相关的培训，咱们上课的时候也讲过不少对孩子们吵闹时的妥善处理方法。但是我们发现你在带班的时候更多的是调动孩子们参与游戏的积极性，对于如何化解孩子们之间的小矛盾好像没有很好的方法，也少了点儿耐心。而且，有的时候你对于班级的整体情况也缺乏更细致的把控，如有的孩子没请假就不到校上学，你竟然没有及时发现。虽然这些最后都没有造成什么严重的后果，但这些问题对于教育工作者来讲却是大忌。”文彩试图辩解：“我觉得玩闹是孩子们的天性，不需要太多干涉，孩子们虽然小，但是也有他们自己解决问题的方式。而且课上讲的那些有的过于古板，可能不是很适合具体的情况……”老师打断了文彩：“你这种说法大错特错，作为老师，你承担着的是几十个孩子的健康和生命安全，很多事情一定要按照既有的规则去做，不可以不受束缚。”文彩虽然嘴上说是，但内心还是不服气，她觉得能通过自己的方法让孩子们释放天性享受童年的乐趣已经很了不起了，对于纪律这些事情其实没有必要那么较真。

与热爱实习的文彩相比，赵瑾对实习的态度则是为了完成学分才不得已硬着头皮去的。好在有好姐妹文彩做伴，而且还可以教小孩子们一些算术题，赵瑾也不会觉得太无聊。赵瑾不像文彩一样爱和孩子们一起玩耍，所以她在实习时并不是非常主动与孩子们交流，很多时候都是文彩特意为赵瑾设计一些和孩子们互动的环节，让孩子们在游戏中学会一些数学知识。虽然没有文彩这么积极，但赵瑾做事情一向比较认真，她对于实习培训时讲的很多规范守则都牢记于心，对于班级管理较为谨慎。因此，每当赵瑾和文彩搭班管理班级时，班里的纪律都很好。赵瑾的慎重严谨，学校老师们也都看在眼里。

就这样，经历了几个学期的课程和几个假期的实习后，四年的大学生活很快就进入了尾声。找工作的时候，文彩坚持着自己当初的选择，一心要进小学做老师。赵瑾本来想拿自己的辅修学位找一份和数学相关的工作，但严峻的就业形势让她失去了心中的方向，她的实习经历和学历背景使得她被很多自己理想的工作拒之门外。碰巧的是，文彩和赵瑾当初实习的小学到学校来招人。带她们的老师对文彩和赵瑾这两人印象十分深刻，觉得如果这一动一静的两人共同搭班相互配合，可以达到很好的教学效果，于是这所小学便向文彩和赵瑾伸出了橄榄枝。文彩面对学校的青睐自然是十分高兴，赵瑾虽然内心不是十分心仪教师的工作，但面对竞争激烈的就业市场，也只好选择了这个待遇和平台都不错的小学作为暂时的落脚之处。于是在和家里商量之后，文彩和赵瑾先后和小学签约了。

由于之前在学校实习过不短的时间，所以文彩与赵瑾很快就进入了角色。文彩负责带动小朋友们对课程参与的积极性，赵瑾负责班级整体管理。两人仅仅在实习期内，就带领班级在很多方面取得了突出的成绩。她俩合作得越来越默契，也越发变得谁也离不开谁。尤其在赵瑾请假的时候，文彩总是会因为粗心大意出现一些小差错。赵瑾只能在自己力所能及的范围之内多替文彩考虑些，在很多时候都会提醒文彩应该注意哪些细节。文彩也试图改变，但大大咧咧的性格怎么也转变不了。

文彩和赵瑾入职两年后，学校因为教学质量卓越，开始逐渐扩大招生规模，生源也越来越广。由于很多孩子的家都比较远，学校经过慎重考虑，向上级申请了几辆校车，很快，校车就批了下来。学校安排了几个入职不久的班主任单独跟随不同的校车，保障车上儿童的安全，其中文彩负责跟随她们班和隔壁班的校车。学校为了保障校车的安全，制定了严密的规章制度，包括：跟车教师负责维持车内秩序，确保车内儿童没有打闹等危险行为；跟车教师在学生上车和下车时清点学生人数，在确保学生人数正确之后，才能示意司机开车或离开等。学校还在校车正式启用之前，就校车的相关规范对所有跟车老师进行了小范围的培训，同时还在培训结束后对所有的跟车老师进行了相关考核，确保考核成绩合格之后才能上岗。文彩知道自己粗心的小毛病，所以一向对规矩十分反感的她这次也破天荒地对培训课上所讲的校车规范内容做了详细的记录。在实际跟车时，她也会时时提醒自己一定要按照规章行事。当然，文彩在车上也不忘了教孩子们唱歌做游戏，孩子们每次下车都是连蹦带跳的，文彩看到孩子们开心的笑脸很有成就感。

2015 年 8 月初的一天，天气显得格外闷热与阴沉，天空飘着零零星星的小雨。一大早，校车满载着两个班的孩子开在去往学校的路上。一路上雨越下越大，路况也越来越不好，司机只得放慢速度。可是这一天偏偏又是市教委领导来学校检查的日子。一向在工作上没有落后过的文彩不想让自己的班级赶在领导视察这一天迟到，所以心里不由自主地焦急起来。7 时 55 分，距离教委领导到达还有 15 分钟的时候，校车终于到达学校门口。文彩赶忙从车上下来，催促孩子们都赶紧下车。眼看着教委领导到达的时间迫在眉睫，孩子们还没有下车，文彩心里别提多着急了。她看了看天上飘落的细密雨滴，犹豫了一下，就省去了下车后排队和清点人数的程序，让孩子们直接进教室了。孩子们三三两两地跑着向教室赶去，她也匆匆往车里扫了最后一眼，确认座位上没人后，便示意司机离开了。司机将校车停到停车场后，便直接下车关闭车门离开了。

文彩在教室旁的办公室稍作整理，之后便马上走进教室，等待教委领导的到来。由于是市级领导亲自下来视察，学校方面非常重视这次检查，全校上下这几天以来一直精神高度紧张。好在经过一上午的观摩，领导们对学校的整体氛围和细节处理也都比较满意。下午 3 点左右送走领导之后，老师们才稍微松了一口气。文彩刚进到办公室，就听见隔壁班的班主任张老师匆匆来找文彩，焦急地问道："文老师，你看到我们班的徐强同学了吗？今天我们班没有我的课，而且又有领导听课，我就一直没到班里去，等领导走了我回班里一看，发现我们班的徐强不在。我听他同桌说，早上他俩一起坐校车来的，徐强好像在车上睡着了，不知道有没有下车！"文彩听完张老师的话，脑袋"嗡"地一下。她一方面想，应该不会这么巧，今天没有点名刚好今天就出事儿了；另一方面，她又仔细回忆了一下早上下车时往校车里的最后一扫，确实没有扫见座位上有孩子坐着。但是，如果是孩子睡着了躺到了座位上呢？想到这里，她立刻惊出一身冷汗，不敢再深想，便拉上张老师往停车场跑去。同在办公室的赵瑾也跟着跑了出去，一边跑一边打电话给司机师傅，让他赶紧赶来打开车门看看。

不出两分钟，文彩、赵瑾、张老师和司机四个人就齐齐地赶到了校车前。司机打开车门，四个人冲进车厢，眼前的一幕使得所有人都惊呆了。徐强歪倒在校车倒数第二排的座位上，一动不动，身体僵硬、嘴唇发乌，早已没有了气息。

文彩见状，大脑顿时一片空白，一下子瘫坐在了地上。她怎么也没想到自己的一时疏忽竟酿成了如此巨大的悲剧。赵瑾第一时间拨通了120急救电话，急救人员赶到后，确认孩子已经没有生命迹象了。文彩和张老师又急又怕，泣不成声，反复请求急救人员将孩子送往医院进行最后的努力救治。急救人员只好将徐强送往最近的医院。文彩、赵瑾和张老师也跟着救护车前往。在车上，赵瑾通过电话将相关情况向校长报告。人命关天的事，校长一下子也不知道怎么处理，怎么给孩子爸妈一个交代。

当天17时20分左右，学生家长陆续来学校接孩子们回家，徐强母亲在校园门口等了很久，却迟迟没见到孩子像往常一样走出校门。她心里担心焦急，便往校园内走去，准备去徐强班上亲自找孩子。途中徐强母亲见到了徐强同班的小朋友走出来，便随口问孩子有没有见到徐强出来。孩子回答道："徐强今天没有来上学！"听到孩子的这个回答，徐强母亲一下子慌了神儿，她明明早上亲自送孩子上的校车，怎么可能没来上学？她转身看到停在一边的校车正开着门等待孩子们上车回家，便连忙赶上前去问司机发生了什么事情。司机支支吾吾地说道："今天早上有个孩子在座位上睡着了没下车，在车上被锁了一天，刚才好像被救护车送到第二人民医院了……"徐强母亲心里一沉，顾不上多问，赶紧往第二医院赶去。

待徐强的母亲赶到了医院的急救室，推门看到角落里的一张病床前医生护士和老师围了一圈。她跌跌撞撞地走上前去，扒开人群看到自己的宝贝儿子躺在那里被盖上了白被单，伸手摸了一下儿子的脸已经冰凉。这时医生在旁边和护士小声说："死亡时间14时30分。"

徐强的母亲悲痛地质问学校，要求学校给一个交代。可是，无论怎么交代，孩子逝去的生命都已经无法挽回。徐强的父母随后报了警，警方对于整个案件进行了详细的调查，认定徐强是因为长时间被锁在空气不流通的校车内，校车内空间狭小温度又高，死于窒息。最终，文彩和张老师以及校车司机被法院以过失致人死亡罪判处有期徒刑二年。

# 26. 人命关天莫大意　视财如命终害已

李明财，人如其名，爱财也深谙发财之道，是十里八乡的理财高手，经常会做些越界踩线的事儿来赚取点儿小钱财，虽然有份稳定的工作，却不忘在闲暇时间经营一下自己的网店赚点儿零花钱。从一定程度上看，李明财算是一个勤劳肯干的人。尽管多劳多得没错，但李明财经常在自己的店里销售一些假冒伪劣产品，纵使赶上较真儿的消费者，他也会用自己的三寸不烂之舌将对方一一击退。除了这些赚钱的路子，李明财还有一个爱好，就是和邻居街坊打打麻将，之所以爱打麻将，是因为李明财靠着这个爱好也能赚不少小钱。这就是李明财，一个爱财又懂理财的小气男人。

张小艾，李明财的挚爱，同样是个爱钱的人，是李明财发财路上的好搭档，她支持李明财的一切决定，只要这个决定能够增加他们家庭的财富值。随着李明财网店的生意越来越好，张小艾开始琢磨着让李明财放弃现在稳定的工作，或者专心做网店赚大钱，或者再谋一个来钱快的营生。

一天，张小艾找到李明财商量这事儿："老公，你那个工作实在是太耽误时间了，每天八个小时坐在办公室里面，每个月拿着固定的那点儿钱，还是换个工作吧，这么大把的时间别浪费了。"李明财虽然也在绞尽脑汁地赚钱，却从来没想过要放弃现在的正经工作，张小艾这么一说倒提醒了他。不过李明财还是有点儿不踏实，他回答道："你说的有些道理，但毕竟之前的几份工作虽然有时赚的不少，但是也分淡季、旺季，这份工作好在够稳定，就算咱们其他收入受影响了，至少这个工作还能保底，你容我再考虑考虑，等遇到好的机会我再走也不迟。"

日子一天天过去，李明财的生活还是老样子，每天上班、管理网店、打麻将。张小艾看着自己银行账户里的钱越来越多，也是每天都乐呵呵的。其实这两口子存钱也不是没有目的，他们打算存够本之后再做点儿大规模的买卖，然后换套大房子，过上真正的富人生活。现在本金确实存了不少，但是到底做什么买卖比较赚钱，他俩一直都没想明白。

李明财的理财技巧远近闻名，所以来找他打麻将的人都爱跟他多聊几句，日子一长，李明财也算交得了几个能聊天的牌友。牌友们经常调侃李明财：“你这么有头脑怎么不去发点儿大财，每天就在网店上卖些残次品忽悠人……”“你们别这么说啊，我那可不是残次品，顶多算是假冒但是绝对不伪劣。”李明财对自己卖的东西质量心知肚明，但又不甘心被别人这么说，于是便婉转地反驳。“你别急啊，我们还没说完呢！”牌友们又接着说，“除了你的网店坑人，瞧瞧，你还净惦记着赢我们这些小钱。”牌友们说完都哈哈笑了。李明财有些着急，争辩道：“谁惦记你们这些小钱了，还不是你们技不如人。你们以为我不想赚大钱啊，主要是现在没找到什么发财的路子，也就只能没事儿赚点零花钱勉强糊口了。”

一个名叫林强的牌友紧跟着插了一句：“你这么有头脑，能不知道现在最发财的是什么？”李明财听出了这人好像有意想给他透露一点消息，立马来了精神，急忙问道：“有什么好点子你倒是说啊，你每天开车送货拉人的，我认识的人没你多，路子自然没你广了，你快说，等我发财了，绝对忘不了这牌桌上的兄弟们。”林强接着说：“你看咱们区里就一个公立的小学吧。”“你怎么扯到小学去了？”李明财又困惑又着急。“你别插嘴，听我接着说啊。咱们区里那个公立小学特别远，而且每年招的名额又少，好多孩子家长都急着给孩子找个小学呢，虽然这两年有了不少私立小学，但还是一直供不应求，所以现在你要是能干起来这路生意，保准你财源滚滚！”李明财一听到“财源滚滚”几个字，顿时两眼放光，但转念一想，这学校也不是说干就干啊，于是他问道：“难道小学不需要什么特定的资质就能干？”林强接着说：“需要啊，但是也用不着你自己真的去申请，有个现成的小学转给你不就得了，只要你不出什么事儿，没人管你的，现在好多人都这么干！”“那你倒是给我介绍点儿门路啊，我今天还是第一次听说这个发财道，什么都不懂。能不能发财，还得仰仗兄弟帮忙啊！”林强心想，平日里李明财总觉得自己是个赚钱能手，时不时就流露出一副不可一世的样子，今天也算是承认自己有不行的地方了，于是林强带着一丝丝优越感说道：“嗨，你谦虚啦，你可是咱们这里的赚钱高手，不过学校这方面可能我比你懂得多些，我说完你自己想想愿不愿意做。前天我拉了一个熟客，他跟我说咱们旁边那个小区里面有个私立小学，是这个熟客自己开的，可是近期他周转不灵了，打算把它盘出去，但因为这毕竟是个来钱快的生意，他开价也不低，所以好多人都没有足够的资本。我看你应该是存了不少钱，不知道你有没有兴趣，你有兴趣的话我可以给你们中间搭个线。”“有这等好事你怎么不早说，我当然有兴趣了！你赶紧给我联系联系。”李明财赶紧接过了话茬。

林强想卖李明财一个人情，于是就当场打电话给那个熟客，寒暄了几句之后，林强入了正题：“王哥，上次您说您的小学打算盘出去，我有个兄弟想要接手，不知道您学校出手没？还有些具体情况还得麻烦您给介绍介绍。”电话那头说道：“还没出手，我打算要 40 万元，没人能给得起这个价儿啊。”李明财在旁边向林强点头，嘴里嘟囔着：“我能给，我能给。”林强让王哥接着说，王哥继续道：“我简单介绍一下学校里的大致情况吧。现在一共有 160 名学生，12 名老师。我的营业执照是去年 3 月办下来的，到时我一并转手。”李明财一听，示意林强在电话里面先把这桩买卖说下来，然后约王哥一起出来见个面。对方同意三天之后带着协议来和李明财见面。李明财回到家中便把这个赚钱的事儿告诉了张小艾，张小艾对李明财的决定表示百分之百的支持。

三天后，李明财和王哥顺利签约。一个星期后，李明财到原单位办理了辞职手续，经营起了办学校的事业。

前几个月，李明财还算是比较认真地熟悉了一下学校的业务，但他骨子里不是一个踏实本分的人，对什么事情都很难投入。几个月下来，他依旧对学校的管理摸不着头脑，于是他将学校的事务交给别人负责，自己和张小艾只负责看好财务这一块。假期很快到了，张小艾提议可以把学校重新装修一下，这样可以吸引更多的孩子。李明财也觉得有道理，于是趁着假期的时间，他们把学校进行了装修改造，不过这改造更多的还是“面子工程”，一些消防设施陈旧的问题，李明财夫妇才懒得操心。然而在一次区教委和消防部门的联合执法中，学校被检查出存在消防安全隐患，教委及消防打算将该学校依法取缔。李明财早在经营网店的时候就掌握了不少投机取巧、阿谀奉承的伎俩。见了来检查的人，他一面赔笑脸，一面表决心，答应了检查人员今后一定不再犯，并承诺会对校内的消防设施进行修缮。考虑到学校内学生数量较多，如果将学校即时解散，可能导致大量学生无法就学，在对学校的情况进行详细记录之后，检查人员决定再给李明财一次机会。李明财心中暗喜，他心想，混过一关是一关，也许哪天回本了，或者遇到了更赚钱的买卖，自己就不干这累心的生意了。不过，眼下还是要把学校的门面功夫做好，争取吸引来更多的学生。

正如李明财夫妇所想，新学期开学之前，很多在辖区内打工的外地人被学校的“新面貌”所吸引，都有意把孩子送到这里来。由于他们对本地的情况知之甚少，李明财再次施展了他的口才，很多家长听完后便填写了报名表。新的学期，学校的孩子从原先的 160 人一下子涨到了 240 人。利润增加的同时，问题也随之而来。由于很多孩子来自外地家庭，他们父母租住的地方距离学校较远，很多孩子上学放学的交通问题难以解决，因此有家长反映，希望学校能添加一辆校车。老师将家长的建议转达给了李明财，李明财虽有些不情愿，但想想这些钱要是不花，时间长了家长们可能会因为交通不便而改送孩子去其他学校，那岂不是得不偿失？于是李明财在网上搜了几家汽车租赁公司，在认真比对了每家的价格之后，选定了其中一家，以每月 1.2 万元的价格租赁了一辆核载 49 人的大客车。租好车之后，李明财还想找个熟悉的、放心的人替他开车，一下子他就想到了林强。林强从事客运、货运工作很多年了，经验丰富，而且从日常的交往来看，人品也比较可靠。想到这儿，李明财马上拨通了林强的电话，跟林强说了大致情况，林强很快就答应了。原来，林强在原公司也早就混不下去了。他人看起来老实，开车时却经常有超速、闯红灯等违规行为，林强也知道公司对他早有意见，所以当李明财给他这个机会的时候，他毫不犹豫地答应了。

开学之后，林强便驾驶着租来的大客车载着 70 余名学生上路了。有学生家长发现学校的校车好像没有经过有关部门审批，司机也没有校车驾驶证，就直接找到李明财反映问题。李明财敷衍搪塞道：“校车相关的手续很复杂，我们已经上报了，现在还在等手续下来，我们的司机有着多年的驾驶经验，请家长们放心。”家长们听了也没多说什么。其实，这辆车不仅存在手续的问题，更大的隐患是，他租赁的车辆核载只有 49 人，而每次林强都载着 70 多名学生上路，每排只能坐两人的座位却被安排三个学生坐。林强和李明财都觉得孩子们体重轻，尽管超过了核定人数也无关紧要，而且平时路面上根本没人进行检查，所以他们便放心大胆地让超载“校车”上路了。日子一天天过去，李明财始终没有申请校车的审批手续。而林强呢，也越来越胆大，渐渐忘记了现在他的工作已经不同于之前，现在他的车上坐着的是 70 余名还在上学的孩子，是 70 多个家庭的希望。

一个普通的周一，早上 9 点左右，林强接上了所有孩子向学校开去。周一需要接送的孩子较多，车上显得异常拥挤，孩子们像往常一样在车子上叽叽喳喳。路上遇到了几个红灯，林强明显有些不耐烦了，再加上孩子们的吵闹，他变得越发烦躁。林强此时只想快点儿把孩子们送到学校，然后自己可以抽上两根烟好好放松一下。108 国道是林强每天接送孩子上下学的必经之路，而该路段的限速为每小时 60 公里。这天林强觉得道路通畅，车辆不多，于是便心急地越开越快，最后达到了时速 98 公里。然而就在他超速飞驰的途中，一辆大货车突然并线同时试图超车，林强掰了一下方向盘想要给大货车让路，但林强并没有减速，可谁知悲剧就在此刻发生了。车子碾到了路面上的一块石头，由于车速较快，无论林强怎样操作已无法控制车辆，车辆的右侧前部与路东侧的灯杆及施工围挡接触，支撑围挡的钢管插入车内。而这时，林强还呆坐在驾驶位上，直到听到车厢内的哭喊声他才猛地一下回过神来。他赶紧起身查看车内情况，他看到跟车老师摔在椅子上，满身是血，很多孩子身上也有血迹，还有一个孩子已经倒在血泊之中。跟车的其他老师赶紧拨打了 120 和 110。不一会儿，救护车和警察都及时赶到了，除车内的一名教师和一名男童被医生认定当场死亡外，其他受伤的老师和学生均得到了及时救治。

事后，交通部门对整起交通事故进行了认定，最终的结果是林强负事故的全部责任。同时，检察机关对林强提起了公诉。在法庭上，林强对其行为供认不讳。他陈述道："我对事故是有责任的，车上每排座都坐了两三个孩子，我开始觉得没什么，学校也没说什么，事发当天的路况很好，加上车上孩子们闹得实在让人心烦，我就超速行驶了。车子轧到石头之后我就赶紧踩了刹车，再后来就看到老师摔到椅子上，满身是血，孩子们也有受伤。我没见过这种场面，当时也没想过要逃避责任，我第一时间就报警了。"考虑到林强的行为属于自首且认罪态度好，法院当庭以交通肇事罪判处其三年半的有期徒刑。宣判后，林强表示服判不上诉。

出事时，李明财正在学校的办公室里，虽然平时爱财如命，但随着和孩子们接触的时间越来越久，他也开始爱上那一张张笑脸。听到孩子们出事的消息，他内心一惊，陷入了前所未有的自责："如果在安全检查的时候，我就把学校关了，可能孩子和老师就不会伤亡，如果我能多安排几辆车，聘几个专业的校车司机，也许悲剧就不会发生……"正在这时，公安机关找到了李明财，在对事件进行详细调查后，公安部门以涉嫌非法经营罪将李明财移送至检方，等待李明财的将是失去自由的痛苦。

# 27. 超载改道酿悲剧　校车安全应牢记

在祖国的西南边陲，有一个名叫郑家村的小村子。这是一个地理位置比较偏远的村落，因为地处山区，村子和外界的交通十分不便。就算是到最近的乡镇，走路也要好几个小时。因为交通不便的缘故，再加上山里能耕种粮食的土地十分有限，村里人一直过着与世隔绝的穷苦生活。好在赶上了改革开放的好政策，村民们靠着在山地种果树、往城里销药材和乡里一些政策的资助扶持，生活才渐渐好转起来。一些村民家里陆陆续续添置了农机车等农用交通工具，方便到镇上去卖药材、送水果。

郑启华是土生土长的郑家村人，在这个村子里已经生活了 45 个年头。老郑在村子里可是一个全村闻名的人，他年轻的时候就十分勤劳能干，肯吃苦肯上进，也是一个敢“吃螃蟹”的人。当初最先响应乡里种果树的号召且率先取得果实大丰收的就是他。待村民们都走上了种果树的路子，因为交通不畅而销路堪忧的时候，又是郑启华一趟一趟地跟着村主任往乡里跑，让政府帮助找记者宣传，硬是给村民们的果子一点一点找到了销路。1992 年的时候，郑启华为了方便上山下地和往镇上拉果子，就买了一台农机车。那时候的农机车可是个新鲜玩意儿，郑启华也成为整个村子里第一个取得农机车驾驶证（C3 型驾驶证）的人。到了 2003 年，他又带头买了村里第一辆小面包车，同时驾驶证也由 C3 车型增驾 C1 车型，成为村里第一个取得 C1 型驾驶证的人。整个村子里他最早学会开车，驾龄也最长，并且村里致富路的开辟也有着老郑的一半功劳，很多村民对郑启华都有着发自内心的信任与尊重。再加上老郑是个热心的人，富了以后也不忘本，平时村里他往镇上跑的次数最频繁。因此村里没有交通工具的村民们想要去镇上办个事或者捎个货什么的，都找老郑帮忙，老郑每次也都欣然答应。

最近，找到老郑的除了一些搭顺风车或者帮忙捎货的，又多了许多年轻的爸爸妈妈。原来，是孩子们上学的问题。原先村里是有一所小学的，但是在饭都吃不饱的年代里，孩子们早早就成了家里帮忙干农活的劳力，谁有余力能供得起孩子读书呢？而且，村里小学的老师并不是吃公粮的知识分子，只是村里多认得几个字的老先生。这些年，村民们吃饱了饭，穿暖了衣服，孩子们的上学问题就摆在了眼前。村里的小学校舍破败不堪，老先生也教不动书了，孩子们要读书只能到镇上的希望小学去。距离村子最近的一所希望小学就在镇上，以前孩子们上学都是走着去走着回，来回一趟走得快些也要个把小时。孩子们常常天不亮就出发，天黑了才匆匆赶回，遇上天气不好的时候，更是让人担心。这些年，老郑常往镇上捎人捎货，而且来往的次数也越来越频繁。于是很多父母在一起一合计，就找到郑启华，希望老郑能在天气不好的时候帮忙把孩子们送去学校，到了放学时间再接回家。老郑本就是个热心的人，况且，孩子是村里的希望嘛。这么一想，他便爽快地答应了。

于是，老郑就这么成了村里孩子们雨天上学的义务司机，担负起了在恶劣天气接送孩子们上学的任务。随着上学的孩子越来越多，搭乘老郑车的孩子也越来越多。有时候即使不下雨，老郑时间赶巧的话，也会主动接送孩子。时间一长，学校的老师都认识老郑了。

一次，学校的张老师跟老郑说："你的小面包车就一排座，每次拉这么多孩子在山路上来来回回，多危险啊！"老郑无奈地说："这也是没有办法的办法呀……我们郑家村离咱们学校太远了！孩子们每天上学放学要走好远的路，实在是心疼人。再遇上个刮风下雨天，更让人担心。村里就我驾龄长，技术过硬一点，而且我也经常到镇上办事儿，本来是顺路或者下雨了就捎上一两个。现在孩子越来越多，都等着要上学，家长们都来找我，我也不好拒绝。"

张老师听了，若有所思地想了想，又接着说："老郑啊，我倒是有个主意，不知道你愿意不愿意。其实你可以考虑一下考个校车驾驶证，做个专职校车司机。你们邻村有好多孩子也都在我们学校上学，他们虽然离得近一点，但若是走路来也挺不容易的。目前学校正在考虑准备一辆校车接送这些孩子上下学，可是司机方面又难找像你这么靠谱的。要不你考虑一下，先顶一阵子差，当一段吃公家饭的专职校车司机，也权当是放下你手头的生意休息两年。也让学校有时间找个新的合适的司机人选，好不好？"老郑一听，觉得这个主意不错，一方面可以名正言顺地帮助村里的孩子，另一方面也可以拿开小车当个职业，何乐而不为，于是当下便答应了张老师。

在经过与学校的一番商议和准备之后，2013 年 8 月 18 日，老郑考取了校车驾驶资格。与此同时，希望小学也给老郑配备了一辆核定载客人数为 8 人的五菱牌改装校车。该校车头次核发为 2013 年 9 月 10 日，第二次核发于 2014 年 4 月 11 日，两次经过车管所的车辆检测线，检测结果均为合格，并经过外观检查，后被市中小学学校学生用车 ( 船 ) 管理工作领导小组审查合格，并颁发校车使用许可决定书，证号为 A20130××××(A)。2013 年 7 月 10 日，被梅花汽车制造有限公司进行改装，并下发校车整改专用合格证。学校对老郑的相关资质进行了核对，又对他的驾驶技能进行了考核，最终决定聘请其为该学校的校车司机。此后，学校又统计了需要校车接送的孩子，并给老郑提供了所有孩子的家庭住址。老郑这个校车司机便正式上岗了。

在一切顺利的准备背后，有一个问题一直被忽略着。学校给配备的校车按规定只能载客 8 人，然而学校有 20 多名学生，其中需要校车接送的孩子有 10 多个，明显超出了校车的核载范围。其实这个问题并不是一开始就被忽略的，校长也为这事儿很是头疼。校车配备初期，他三番五次地跑县教育局，想试着再多申请一辆校车。但由于校车资源非常紧张，需要校车的也不只郑家村孩子们所上的这一所小学，所以县教育局并没有批准校长增配校车的申请。在县教育局铩羽而归的校长，只好叮嘱老郑开车要小心，既然超载了就只能路上多避让多加小心，以免出事。然而老郑觉得超载这么一点不算是个事儿，毕竟他已经有多年驾龄，而且从村里到学校的路他也跑过一阵子了，他觉得车上加几个人没关系的，更何况又都是小孩儿。于是他反过来安慰校长道："校车县里能给一辆就不错了，孩子们上学的事儿不能耽误，咱就这一辆先开起来吧。放心！我开了这么多年车了，送孩子们上学这条路也走过不止一两趟，绝对没问题，您不用担心！这些孩子我保证能够按时按点安全送他们上下学。我们村地方偏，这一路上从来没见过有沿路巡检的，所以也用不着应付超载检查。这样的话，只要我自己能保障孩子们的安全就行了，别的您不用操心太多。”校长一听，觉得也有点儿道理，反正也没有别的办法，就只好让老郑先用这辆车搭载十几个孩子上下学了。

刚开始的几个月，一切都很顺利。有了学校配备的校车，孩子们坐车上下学便不再是恶劣天气里的额外福利，每天都能准时到校也能准时回家，孩子父母对学校和老郑别提多感激了。后来，老郑发现规定的上学行驶路线因为交通事故封了一小段，为了不迟到，老郑就尝试走了一条小路。他发现，虽然这条小路比较崎岖，但是一条捷径，一来一回可以比平时省掉不少时间。

自从走过这条捷径一次，沿规定校车行驶路线早就走厌了的老郑就开始寻找新鲜感。他渐渐开始因为快要迟到，或者急着赶回家这样的理由，放弃原先的校车线路，而改走自己新发现的这条小路。到后来，老郑改道的频率直线上升，原先规定的校车行驶路线几乎完全被放弃了。跟车的老师觉得这条路有点儿危险，就试探性地提醒老郑：“启华，这条路上都是碎石子儿，路又窄，而且连个护栏都没有。下面就是水库，万一遇上车轮打滑什么的，可太危险了啊！咱本来就已经超载违规了，再私自改了上面给咱规定的路线，是不是不太妥当？”老郑对这些劝告不以为然，轻松地反驳道：“我都开车这么多年了，这几年基本上一天两趟地往镇上跑，这车我闭着眼也能开回去了。这趟近道比规定的路线近了不少，之前还怕不安全没敢试，这几天来回几趟下来，我都已经走熟了，发现也不过如此。你们这些外行看着是好像挺危险，其实在我们老司机眼里，只要稍微小心，这路简直比高速公路还安全呢。况且这违规不违规的，反正咱们现在超载也是违规。只要路上没人检查，又不出事儿，就算最合法了！”老师一看劝不动，而且老郑确实是开车的老手，也没有出过什么事，于是叹了一口气，也就没再说什么了。

2014 年 1 月 10 日这天，老郑又借故抄了水库边的近道回家。车上载着 15 个孩子和两个老师。有 4 个孩子在近道与规定路线的岔路口之前就先到家了，老郑放下他们之后直接拐上了捷径接着往回开。然而这次不同的是，除了先下车的4个孩子以外，其余的11个孩子一直到很晚都没有按时到家。当晚7点多，由于一直没有等到孩子们放学回家，几个家长相互通了电话，问了问各自孩子的情况，得到的结果是，搭乘校车回家的孩子们全部都还没有到家。焦急的家长们预感不妙，赶快把电话打给了校长。校长听说了孩子们还没到家的消息，心里一沉，便知事情可能不太乐观。他安抚家长道："咱们学校今天和往常一样，是按时放学的。现在我也不太清楚具体情况，但是没有消息也许就是好消息。这样，你们先不要着急。我现在先不跟你们多说，我先挂了电话，然后第一时间联系一下司机。我们有消息及时沟通！"挂了电话，校长赶紧给司机和跟车老师打电话，可是他们的电话一直处于无法接通的状态。于是校长赶紧拨打了110报警。

随后，警察和校长都及时赶到了村子里，和等在村委会里的家长们见了面。校长把跟随校车回家的孩子的信息详细地提供给了警察，并且将校车的规定行驶路线也进行了详细的描述。警察们根据校长提供的线索沿路寻找校车，可是怎么找都找不到。一名经验丰富的警察推测道："很可能司机并没有按照规定路线行驶，他应该是走了一条捷径。我们留一小队人在这里继续排查，其他人跟我去找找有没有岔路口通向捷径。"

警察们兵分两路继续搜寻，很快其中一个分队在一条崎岖的小路上发现了行车的痕迹。这条小路正是当天司机所选择的捷径路段。大家都打起了十二分的精神，跟着行车痕迹一路搜寻，待来到山路的转弯处行车痕迹便消失在悬崖边缘。根据最后的行车痕迹推测，车辆应该是在转弯时冲出弯道，坠入了下面的水库里。带队警察立即向上级部门报告，说明情况后请求打捞搜寻支援。因为事关十几名孩子的性命，上级公安部门迅速派出专业潜水员前去现场参与救援工作，此外，还动用了一台挖土机和一台吊车。绝望的学生家长们也都跟随公安机关的车辆赶到了事发现场，等待救援工作的最新进展。

2014年1月11日零点40分开始，挖土机、吊车相继开展救援作业。在救援潜水员仔细排查后，最终于11日1点35分确定了事故校车的落水位置。凌晨3点左右，事故车辆被打捞了上来。这是一辆黄色的普通7座面包车，车顶装有报警灯，车子的前挡风玻璃已经破碎。法医当场从车里找到9具遗体，包括1名司机和8名幼儿，有的孩子身上还背着书包。在法医完成现场检查和清理之后，遇难儿童和司机的遗体被救护车运走。凌晨4点，另外两名随车老师的遗体也被找到。孩子的父母们在寒风中苦苦等待了一夜，最终还是等到了这样不幸的结果。看着前一天早上还活蹦乱跳的孩子们，此刻竟然躺在冰冷的土地上，再也听不到父母的呼唤，前一天早上的一句再见竟然是永别，亲人们再也控制不住，放声大哭起来。有的孩子父母哭到嗓子沙哑，有的亲人甚至当场昏厥。撕心裂肺的号哭声响彻了整个夜半的山野。这起超载营运、非法改道行驶所酿成的校车事故惨案，最终使整个村子陷入了一片沉痛之中。

## 28. 校车安全无小事　学生利益当优先

“妈，我上学去啦！”许峰背着书包边说边向门外走去。

“放学记得直接回家！”蓝兰朝着门外喊道。

晚上，许峰垂头丧气地回到家里，把书包往地上一扔，失落地往椅子上一坐。蓝兰和许江纳闷儿子今天怎么情绪突然这么低落，刚要问他怎么了，许峰自己就说了：“今天校长通知，我们学校不知咋的要关门了，校长说，过几天老师会到同学家里跟家长说，我们也不知道是咋回事儿，但是我想上学。”说着说着，许峰竟哭了起来。

蓝兰和许江听说学校要关门了，也是一脸的不解，但为了让儿子看出他们也同样担心，两口子便马上露出了若无其事的笑容，他们赶忙安慰儿子说，爸妈一定能帮他解决这个问题，一定能让他继续上学。许峰毕竟还只是个二年级的孩子，虽然害怕自己将来无法继续上学，但听了爸妈的话就安心了，立马恢复了活蹦乱跳的样子。

临睡前，蓝兰在床上翻来覆去睡不着，许江也满腹心事地坐在床边抽烟。蓝兰开口说道：“你刚才跟儿子说一定能让他继续上学，你有什么好主意吗？”许江摇摇头，刚要起身关灯，蓝兰蹭地坐了起来，兴奋地说道：“我想起来了，之前隔壁村子有几户人家都是把孩子送到镇上去上学的。以前我在县里打工时认识一个工友万芳，后来我嫁到你们家，她嫁到了隔壁村，万芳他们家儿子就在镇上读书，我明天去问问她！”

第二天一大早，蓝兰就拿了一篮子鸡蛋去万芳家打听情况了，正巧赶上万芳刚送完孩子回来。万芳一见到蓝兰便主动迎了上去：“什么风把你吹来了？好久不见了！”蓝兰把篮子递过去，说道：“之前在家忙得很，今天有点事情来麻烦你，喏，你把这篮子鸡蛋收下。”万芳兰推辞了几下便收下了。蓝兰接着说：“我家儿子原先在我们村的小学上学，不知道咋的，昨天校长说学校过几天就关门了。孩子想上学，我们两口子也希望孩子将来能有出息，还想儿子能够继续读书，多学点知识争取将来能考上大学。”万芳笑了一下说：“前阵子我们村的小学也通知孩子们停课了，一开始我们也是不明白咋回事儿，后来校长很负责任，到每个孩子家里通知。说是因为现在国家为了提高办学质量，把一些分散的学校都撤了，就能把那些好点的老师都集中起来，也方便国家集中投入。”蓝兰恍然大悟，想起之前在电视新闻里听过农村学校撤并的事情，当时没听懂是什么意思，这下子才明白过来。万芳接着说：“我儿子现在在镇上的启明星小学上学呢，那里学生挺多的，学校环境也比村里的学校好多了，不行你也把你家儿子送到那儿去读书吧！”“可是我们村到镇里太远了，我和许江俩人又得到地里去干活儿，没时间接送他啊。”蓝兰若有所思地嘟囔道。“不怕！我们村到镇上也不近啊，但是学校有校车，他们会负责把孩子送回家，不过因为孩子太多，所以校车应该只是送到村口。”蓝兰终于看到了希望，愉快地说：“那也行啊！真是谢谢你了！我回去就跟许江商量商量，然后再麻烦你帮我打听一下怎么才能入学。”万芳爽快地答应道：“那没问题，我在镇上认识一个小姐妹，她跟学校老师挺熟的，可以帮忙打听，我家孩子就是通过她进去的，你放心吧！”蓝兰和万芳又客气了几句，便匆忙回家了。

许江听蓝兰说完要送孩子到镇上上学，起初有点儿不放心，他担心孩子没自己去过这么远，可能会难以适应。但是蓝兰坚持道：“许峰想要上学，如果不去镇上，那儿子就彻底没学上了。不上学难道在家跟咱们一起干活儿吗？将来他还能有什么前途！大不了这样，我们可以和儿子商量商量，他自己要是愿意去，我们就全力支持他，要是他自己都不愿意去，我们就不逼他了。”许江听完，也觉得如果儿子不抓住这个机会，可能会耽误一辈子的前途，于是点头答应了。等到许峰从同学家回来时，蓝兰兴奋地向许峰说了可以让他到镇上去读书的事情。 许峰高兴极了，一下子就抱住蓝兰，开心地说：“我愿意去，愿意去！”许江见许峰这么兴奋，顾虑也逐渐打消了。

第二天一大早，万芳就带着她镇上的姐妹一起来到蓝兰家。还没等蓝兰开口问，万芳就介绍道：“这就是我之前跟你说的我的好姐妹张芊，昨天晚上她刚好来村里看我，我今天一早就把她拉来找你，让她跟你说说给许峰办上学的事儿。”蓝兰连声道谢。张芊说：“你家儿子上学的事情不难，现在撤并学校是国家的政策，镇上的学校自然会为农村的孩子们提供便利，只是我在镇子上比较方便为你们打听一些消息。你儿子赶的时间刚好，这才开学没多久，所以启明星还在陆续招生。我下周回来的时候把学校的招生简章带给你们，你们按照上面的要求准备好材料，直接到学校去报名就行了，学校的地址电话我下周也一并给你们带来。报名之后的具体消息你们等学校通知就好了。”送走了张芊和万芳，蓝兰和许江都觉得一块石头落了地，接下来，就是等着带儿子去镇上报名入学了！

过了几天，张芊如约而至。她跟蓝兰交代了一些注意事项，并嘱咐他们周一上午 8 点半一定记得准时到达学校。

周一这天一大早，蓝兰、许江带着许峰坐上了事先联络好的货车，8 点半准时赶到了学校。教务主任对许峰的知识水平进行了简短的测试后，便为他办理了入学手续，同时通知许峰下周来上课。一切办妥之后，许峰向教务主任打听了校车的相关事宜。主任记录了许峰家的具体地址后，向许江详细地说明了校车事项：“我们学校为住得远的孩子们提供接送服务，学校会根据学生的住处分布和国家的规定进行校车路线设定。你们村子刚好在我们的路线范围内，但是我们的校车没办法进去，只能把孩子送到你们村口那里，你们看可以吗？”“可以可以，我们家距离村口不算远，到时候我们家长去接孩子就行了。”许江很满意学校的校车安排。一切手续都办妥之后，一家三口便安心地回家了。

从许峰第一天到镇上上学开始，一切都非常顺利，许江每天晚上都会到村口接许峰回家。许峰每天回家也都会向爸妈汇报学校里的新鲜事，许江和蓝兰总是听得津津有味。日子一天天过得飞快，几个月之后，许峰开始要求想自己从村口走回家，许江和蓝兰看着也没什么危险便同意了。

然而，几个月后的一天，许江从村口路过，发现门口正有很多大车装载着满满的沙土开往附近的沙厂，村口路面泥泞不堪。许江向正在村口休息的司机打听后才得知，原来市里要修建新机场连接线，而这条连接线将会把村里东西走向的道路拦腰截断。

日复一日，运沙车越来越多，村口的路况也越来越差。虽然这条机场连接线承载着“完善区域路网结构”的重任，但是其本身的配套设施非常不完善，在许江家所在村的村口，根本没有根据路况变化配备红绿灯，同时也没有任何警示标志。相较于机场连接线，村口东侧的道路很低洼，车辆在行驶到机场路前的时候，都要加大油门，才能爬上一段比较陡峭的斜坡。正是这段斜坡路段，影响了很多驾驶员的视线，他们为了爬坡只能加速，再加上没有红绿灯及警示标志，所以这里时常发生交通事故。蓝兰知道村口的路况变得如此糟糕之后，有些坐不住了。

一天早上，许峰照常一个人去村口等着校车来接他上学，刚要出门，就听到蓝兰在屋里大喊:“校车来了吗？注意安全！”

“你快点儿跟他一起去，校车在村口那儿等着呢。现在村口这么多运沙车，你又不是不知道，而且听他们说，前两天村口发生了好几次事故，多不安全啊！”蓝兰朝着坐在院子里抽烟的许江没好气儿地说道。

许江“哦”了一声就慢吞吞地跟着许峰出门了。

回来之后，许江坐在屋子里小声嘟囔着：“那条路天天走，我都观察过了，校车和运沙车的时间是错开的，都这么大的孩子了，还能出啥事情。喏，今天校车来的时候，运沙车早就走了。”

蓝兰一听可生气了，冲着许江说道：“怎么不会出事情，昨天儿子回来腿上就摔破了你没看见吗？”

“男子汉这点事情算什么，再说了……”许江不服。

“你闭嘴！怎么不算什么，就算运沙车和校车不会挤到一起，但是那些大车总是漏下来这么多的沙子，搞得咱们村的路越来越不好走了，赶上个下雨天什么的，土地全都变成了泥地。小孩子走路总是不安稳，蹦蹦跳跳的，好在昨天只是擦破点儿皮，再让他自己走可能就摔骨折了！”蓝兰一股脑说了好多，许江也懒得再做争辩，起身去地里干活儿了。

之后的日子里，只要蓝兰一开口唠叨，许江就去村口接送许峰，但赶上蓝兰去地里干活的时候，许江还是让许峰自己走。许峰自从摔了一次跤之后，也学会小心走路了，再也没有磕着碰着过，蓝兰也渐渐地放下心来。

就在许江全家过着幸福的小日子的时候，不幸降临了。

这天晚上，一切和往常一样，蓝兰在家里做好了晚饭，和刚从地里干活回来的许江一起等着许峰从学校放学回家。可是一个小时过去了，许峰还没回来，他们开始觉得有些不安，于是蓝兰叫上许江一起到村口去等。两人收拾好刚要出门，就见到村口的村民上气不接下气地跑来他们家，看到许江两口子之后连气都没喘就大声说："快点儿跟我去村口吧！你们家孩子出事儿了！快不行了！"

许江和蓝兰被这个噩耗一棍子打蒙了，他们问道："你说谁不行了？怎么就出事儿了？"村民拉着两人往村口走，边走边说："快别问了，到了再说吧！校车和运沙车撞到一起了！"许江和蓝兰听了之后趔趄了一下，但想着赶紧去看儿子的情况，来不及痛哭就直奔村口。到了村口，他俩就被眼前的景象惊呆了——几十吨的沙子压在校车上，车子只露出了一个车头和半扇窗户，运沙车倒在一旁。在许江夫妇赶到之前，村口的村民已经报了警，警察、消防车和救护车已经先一步赶到。许江夫妇在一旁相互搀扶地等着消防民警能把他们的孩子赶紧救出来。一个小时之后，救援接近尾声，等待许江夫妇的，不是孩子那张天真的笑脸，而是一具冰冷的尸体。当蓝兰和许江看到许峰的尸体后，终于泣不成声……

事故之后，公安机关迅速介入调查，几天之后，基本还原了事件真相。事发当天，是启明星小学实行课后补课的第一天，高年级的孩子们都在学校上完了一堂额外课程之后才坐上了学校的车。而由于平时驾驶校车的司机已经先行将低年级同学送走，学校只有一名没有校车驾驶资格的司机，于是他就带着几名孩子坐上了学校的一辆普通面包车。为了能够一次性把孩子们都送走，司机让十几个孩子挤在了这辆准乘七人的车里。由于司机近期没来过许峰所在的村子，对那里的路况并不了解，当面包车路过村口时，刚好遇到晚上的运沙车，运沙车从斜坡上冲了上来，将面包车当场撞倒。运沙车发生侧翻，整车数十吨沙子全部覆盖到面包车之上，面包车几乎被全部掩埋。不只是许江和蓝兰，还有十几个家庭也面临着丧子之痛。他们将希望寄托在孩子身上，然而，一起事故夺去了他们的全部希望。这起事故造成包括许峰在内的 11 名儿童及面包车司机死亡，还有 3 名儿童受伤。

几天之后，事发地恢复了往日的平静，事发道路已经被水泥墩拦住，禁止车辆通行。运沙车还在附近往来穿梭。然而，村口三五处烧纸残留的黑色痕迹在土堆上格外醒目，它似乎在哭诉着一个个家庭的悲惨经历，也在痛斥着违规驾驶车辆的司机。

## 29. 无证同居二十载　糊涂婚姻惹人叹

李达与王梅两个人是半路夫妻，已经共同生活20余载。李达是县城某中学的语文老师，有着30年的教学经验，在县城里小有名气。到退休年龄了，李达觉得自己的身体还可以，想再干几年，而且他确实喜欢待在学校的感觉，就跟老伴王梅商量，想看一下她的意思。某天下午放学，李达跟往常一样，下午5点半准时到家。王梅这时正在厨房做饭，等李达把包放下，换好衣服之后，王梅就把饭菜端了上来。李达问王梅："你吃过了吗？"王梅答道："吃过了啊，还不跟以前一样？我每天都是5点就吃完了，你赶紧吃吧。"李达说："你坐下来再吃点儿吧。"王梅感到很奇怪，笑着说："今天太阳打东边落下了？以前你可没跟我这么客气过啊，要退休了，觉悟了？"李达说："有点事儿想跟你商量，还真是有关退休的。"王梅往厨房走去，拿了一副碗筷，坐下后说道："好啊，今天我洗耳恭听。"李达没有拐弯抹角，直接进入主题，说："我想再干几年。""啊？还要干啊？你平时不也总是说现在的学生不好管了吗？怎么还有心接着干啊？而且你天天回来还得判卷子、改作业，多累啊！到了退休的年龄，就应该给年轻老师让位啦。"王梅一边吃饭一边说。李达想到了王梅可能会劝自己退休，早已想好了回答的话。王梅话音刚落，李达就说："是该给年轻人让路啊，但是今年学校调走了两个语文老师，人手不够。我今年刚带完初三，下半年就又从初一开始带了，比较轻松，没那么累。我向你保证，就再干两年，到我们班级升初三的时候，我一定不再继续教了。"王梅知道李达是一位尽职尽责的好老师，他俩在一起这么多年，李达几乎每天晚上都要备课、判作业到晚上12点，有时候甚至到凌晨两三点才睡觉，第二天又是一大早8点的语文课。李达的辛苦，王梅最清楚。但是，李达每天回到家后，都乐此不疲地跟王梅说学生还有学校的事。王梅知道他确实是喜欢当老师，而且想想家里也没啥需要李达做的，于是放下了手中的筷子，对李达说："好了好了，知道你能说，接着干吧，只要你愿意继续教书就行，我反正也拦不住你。"李达听了王梅的话，很是激动，当天晚上又备课到了12点。

在跟王梅说过想继续教书的第二天，李达趁着上午没课，就去了校长办公室。毕竟返聘这件事得校长说了算，校长不同意，李达再情愿也不行。李达走到校长办公室门口，发现校长办公室的门是开着的。李达向里面一望，发现校长正拿着一个奖杯若有所思。李达轻轻地敲了一下门，说道："校长，您现在忙吗？我有点儿事情想要跟您说一下。""李老师，快请坐。你看我这人，都没发现你在门口站了那么久，真对不住。"校长一个劲儿地给李达道歉。李达把自己想要学校继续聘用他的想法告诉了校长，刚才还愁眉苦脸的校长一下子喜出望外，连忙说道："好啊，太好了！李老师，学校正缺像您这样有经验的老师啊！"原来，校长想到初二年级的年级主任秦老师和另外三位老师不是退休就是调走了，眼看着升初三，老师明显不够，所以他才会拿着县里发给他的优秀奖杯发愁。"李老师，您就跟着他们初二年级组升初三吧，正好您刚带完初三，而且这些老师也都跟您挺熟悉的。"校长激动地说。李达看到校长对自己如此信任，二话没说就答应了校长，把之前跟王梅说的只带初一年级语文的话抛在了脑后。

回到家后，李达跟王梅说自己要继续带初三，王梅很生气，觉得李达说话不算话，后来就跟他闹起了别扭。整个暑假，李达除了在外带补习班，在家的时候，王梅都没怎么跟他好好说过话。直到开学前几天，二人才和好。王梅自几年前从工厂退休之后，一直在家。李达的学校离家近，因此即便学校有食堂，李达也基本上是回家吃午饭。王梅在家除了给李达做饭，就是下楼散散步，或者去找别的老年人聊天。在别人看来，王梅与李达这样一对半路夫妻已经很是幸福了。王梅虽然觉得每天的生活千篇一律，略微有些枯燥，但是李达做人本分，对自己的态度也不错，想着一辈子平平安安也就别无他求了。

开学后，王梅发现李达比以前更忙了，好几次都没回家吃饭，有时候晚上八九点才回来。这天，眼看就晚上 10 点了，还没见李达回来，王梅就给李达打了个电话。"你还在学校吗？这个点儿了还不回家？"王梅问。"学生在这儿问问题呢，再过 10 分钟，我肯定回去。"李达说完，匆匆忙忙就把电话挂了。回到家后，李达才向王梅坦白他被校长要求担任初三年级组语文学科的组长，每周还有两节晚自习，一直到9点。王梅听了之后，觉得气不打一处来："你都这把岁数了，还逞能，不觉得累啊！"李达说："我不想和你吵，我觉得这样没什么不好。"说罢，李达就去睡觉了。从这以后，李达便经常很晚才回家，一心扑在学校和学生身上。王梅认为李达真的是想发挥余热，也就没再多问了。

直到某个周五，李达又是晚上9点才到的家。王梅心想：不对啊，他不是只有周二和周四上晚自习吗？今天周五怎么还是这么晚？王梅想去问李达，但是李达一回家就躺在床上睡着了，脸也没洗，牙也没刷。王梅躺在床上，死活睡不着，总觉得这里面有蹊跷。夜里，王梅看李达睡得深，就把李达的手机拿了过来，她发现李达的手机里有一个叫"刘老师"的人给李达打过几十次的电话。正巧在这时，李达好似惊醒一般说起了梦话："刘老师，你放心，我回去就跟她说清楚！"这下王梅全都明白了，她记下了手机号。第二天，王梅就给"刘老师"打去了电话："喂，您好，请问是县一中的刘老师吗？""是的，我是县一中的刘冰，您是学生家长吗？"刘老师回答。"我是李达的妻子。"王梅冷冷地说。"哦，您好，李老师有妻子吗？他从来没跟我说过呀。"刘冰问。"我是李达的妻子王梅！"王梅生气地说。"王梅？我想起来了，之前李达跟我说起过，你们住在一起，但是没有领过结婚证吧？李达从来没有说过他有妻子，你有什么证据证明是他的妻子，凭什么说我插足你的家庭？"刘冰这一说还真说中了王梅的软肋，因为她和李达真的没有领过结婚证。

原来，20年前，王梅的丈夫因为犯罪被判入狱，李达因为跟王梅是邻居，对她的际遇很是同情，于是经常上门照料王梅。李达当时30岁出头，没结过婚，时间久了，就看上了王梅，觉得王梅会过日子。王梅也正巧有此意，于是两个人就开始同居。2000年王梅的丈夫通过减刑提前出狱，王梅与李达共同去监狱门口接他。当他得知自己入狱这些年都是李达在照顾王梅，而自己也确实是因为当年的一时冲动，差点毁了王梅的一生，因此便与王梅离了婚，成全了王梅和李达，自己回老家去了。此后，王梅几次要求与李达正式登记结婚，但不是因为李达工作忙，就是因为临时有事而没有得到李达的回应。两个人登记结婚的事情就拖了下来，后来两人也就忘了此事。一晃20年过去，现在李达有了新欢，王梅才意识到自己没有与李达领结婚证，面对刘冰的反问，反而说不清自己的身份。

刘冰是今年学校新调来的语文老师，刚好分在初三年级组。李达是初三年级的语文学科组长，就带起了刘冰。刘冰很是钦佩李达的敬业和责任心，有问题经常向李达讨教，两人之间逐渐产生了爱慕。李达知道事已至此，纸包不住火，就向王梅坦白了一切。李达说："王梅，我对不起你，希望你能成全我和刘冰。""成全你，那我呢？我怎么办？你对那个叫刘冰的清楚吗？"王梅质问李达。"她今年45岁，离过一次婚，不过孩子归前夫了，自己一个人过。我跟她确实有共同语言。"李达回答道。"那你的意思是要把我从这个房子赶走，把她接过来住吗？""不，我走，这个房子给你了，我对不起你！"几天之后，李达就把自己的东西收拾了一下，搬走了。王梅对李达简直是失望透顶。一天，王梅在街上散步的时候，突然看到了李达和刘冰，她立刻跟了上去，直到李达和刘冰进了一栋楼，她才停下脚步。王梅问在楼下聊天的人，他们说这是李达的房子。王梅感到很是惊讶，问他们是否确定，他们很肯定地告诉王梅："肯定是李达的，他在咱们县城辅导语文这么些年，别说一套房了，赚的钱买两套都没问题。"其中一个人补充说道："那天我碰到李达，他还特高兴地跟我说他搬了新房子，让我有时间去转转。"听了街坊邻居的话，王梅才发现这么多年来，李达一直在欺骗自己，她对于李达名下还有别的房产毫不知情。于是，王梅一怒之下跑到了派出所，向民警控告李达重婚。警察受理王梅的控告后，根据调查结果告诉她："你与李达是同居关系，不受婚姻法的保护。李达离家出走，即与你解除同居关系后才和他人同居，他的行为不涉嫌重婚罪，因此我们不能立案查处，建议你通过与李达协商或者向法院起诉的方式解决纠纷。"王梅无奈地向法院提起了诉讼。

王梅在诉状中请求法院依法确认她对争议房屋拥有一半的所有权。李达在答辩状中称房屋是他向朋友借钱买的，不是同居期间的共同财产，与王梅无关，希望法院驳回王梅的诉讼请求。法院经审理后认定，王梅与李达的同居行为符合结婚实质要件，但是双方没有办理结婚登记，故对王梅提出的与李达之间存在事实婚姻的主张不予支持，双方的同居关系维系不具有法律约束力，任何一方都可以提出解除。同居期间所得财产必须是由双方共同管理、使用、收益、处分的财产，对是否为同居期间所得财产应当由当事人举证。现在王梅提供的证据仅能证实房屋产权登记在李达名下，无法证实为他们同居期间的共同财产。为此，法院判决对于王梅的诉讼请求不予支持。

20年的“婚姻”生活并没有拴住李达的心，王梅伤心不已，但也没有别的办法，她非常后悔当初没有跟李达去登记结婚。官司打完之后，王梅落寞地回了家。刘冰怕在自己身上也出现王梅的情况，就和李达在第二天办理了结婚登记。事后，李达亲自上门找王梅，他说：“梅啊，这么多年真是辛苦你了，这是5万块钱的存折，算是我补偿给你的精神损失吧。”王梅不要，李达把存折和钥匙放在桌子上，然后走了。放下钥匙，也意味着李达再也不会回来了，一段20年的“婚姻”就这样结束了。此后的几年里，王梅和李达的生活几乎没有交集，王梅还是喜欢跳广场舞，在跳舞的过程中认识了赵老头，两人越聊越觉得投机，后来结了婚。李达自打和王梅分手之后，又在教师的岗位上干了两年就彻底退休了。不过退休后也没闲下来，李达在家里开起了补习班，换了一种方式来跟学生交流。刘冰在李达的指导下，教学水平越来越高，创下“带出十名市重点高中学生”的纪录。虽然同住在一个县城，也都有了看似幸福的生活，但那一段“婚姻”是王梅和李达始终都不愿意回想的往事。

难得糊涂是人生的一种境界，但是人生的某些事情偏偏马虎不得，婚姻即是这样。我们讲求因果报应，婚姻你对它糊涂了，它对你也糊涂，最后一本糊涂账造成无数的人生烦恼。人到老年，以为大风大浪都经历过，所以更加注重人生的本质，而忽略了必要形式。结婚登记就常常被部分再婚老年人当作形式而忽略。其实，结婚登记这点事虽然会添点麻烦，但是与没有登记带来的烦恼相比，几乎可以忽略不计。

同居析产和离婚析产因为男女关系性质不同而有本质的区别。离婚析产，在婚姻关系存续期间所得财产，如果双方无特殊约定，即使是在一人的名下，也是夫妻共同财产。同居析产，共同生活期间的财产关系不得适用婚姻法有关夫妻财产制的规定，主张一方名下财产为共同共有或者同居财产归一方所有的，应承担证明责任。

同居期间如果财产在一方的名下，另一方主张是共同财产要求分割，必须举出充足的证据，而且证据最少要证明下面两点：第一，争议财产有自己的部分权利，如出资证明或者用共同收入购买的证明；第二，要证明争议财产有自己的投入或者创造。因此，同居关系主张分割财产的一方负有沉重的举证义务，这通常是较困难的，一旦举证不能，将分文难取。

## 30. 少年夫妻老来伴　法庭相见谁人怨

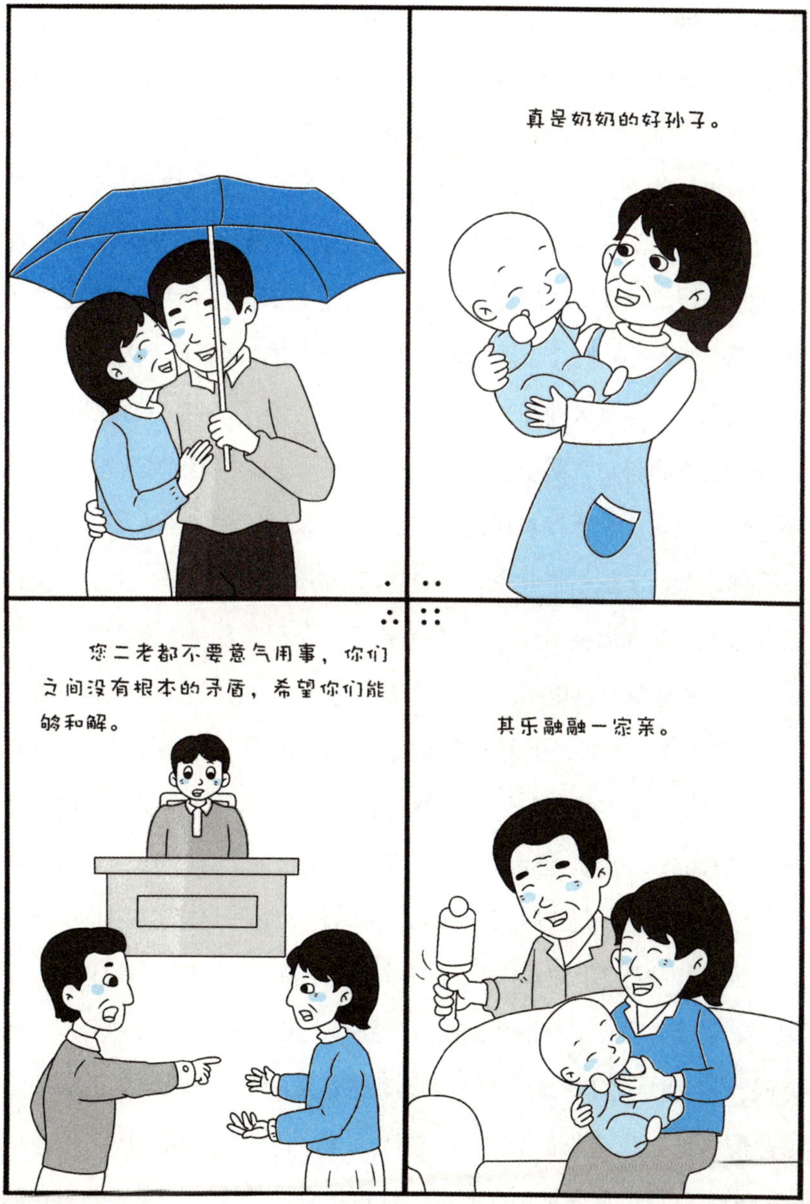

有人讲婚姻是爱情的坟墓，这种说法或许过于武断。但是，漫长的婚姻生活会使人们的激情归于平淡却是不争的事实。互相关爱的夫妻应当顾及对方的感受，应该让家庭生活充满温馨。就像鲁迅先生说的那样，爱情需要时时更新。

李大海是上海人，在北京上的大学，毕业后就留在北京工作，成了一名国家公务员。赵桂芳是北京人，在上海上的大学，她希望能够在上海工作，不过父母不放心她一个人在上海。出于不让父母担心的想法，赵桂芳在大学毕业后踏上了归途，在北京找到了工作。可巧的是，在北京上大学的上海人李大海，与在上海上大学的北京人赵桂芳都在同一年进入了某区政府，当上了区政府的科员。两人初次见面是赵桂芳去李大海的办公室取资料。“请问，刘科长在吗？我来找他拿资料。”赵桂芳轻声说道。“哦，你好，刘科长出去调研了，他不在。”李大海回答。“那刘科长今天还能回来吗？”赵桂芳接着问。“估计回不来了，对了，请问您是？等明天他回来了我给您送去吧？”李大海热情地说。“我是赵桂芳，今年新来的科员，归王科长管。没事，不用了，那我明天再来取吧。”赵桂芳不好意思地说。李达接着说道：“我也是新来的，我叫李大海。”“哦，李大海？一听你这个名字就不是北京人。”赵桂芳知道李大海也是新来的科员，显得没那么紧张了。李大海笑着说：“被你发现了，是啊，我是上海人，在北京上的大学，后来就被分配到这里了。”赵桂芳惊叹道：“天啊！我是北京人，在上海上的大学。”双方被彼此的经历逗得合不拢嘴。赵桂芳开玩笑说：“咱俩真应该互换一下，各自建设家乡多好！”李大海也笑着说：“是啊，我当初也没想着我一个上海人会在北京工作，老天可真会安排！”第二天，刚上班，李大海就把赵桂芳要的资料给她送了过去。自打相识之后，李大海和赵桂芳经常在一起聊天。某天，李大海和赵桂芳因为急着写一份资料，都加班到很晚。临走时，外面下起了大雨。赵桂芳写完资料准备回家，看到李大海还在屋里，她问：“大海，你还不走吗？”“我是想走来着，可是今天我忘记带伞了。”李大海面露尴尬地说。赵桂芳热情地说：“我这儿有伞，一起走吧。”李大海貌似想到了什么。他说：“对啊，有一把伞就行，我先把你送到家，你再把伞借给我，等明天上班我再还给你吧。”“好啊，就这么办。”赵桂芳愉快地答应了。把赵桂芳送到家时，正巧她的父母也在等她，李大海跟叔叔阿姨打了个招呼，就急匆匆地离开了。渐渐的，两人都有了好感，李大海觉得赵桂芳很真诚，赵桂芳也觉得李大海很靠得住。赵桂芳回家说起李大海时，父母说：“我们知道李大海，就是上次送你回来的那个人吧，看起来挺不错的。”二老都同意女儿跟他交往。没过多久，李大海和赵桂芳喜结连理，两年后，他们有了孩子。

20 世纪 90 年代，李大海已经是一名处级干部，也早已调到了市政府工作，事业正干得风生水起，每天忙得不可开交，家里的事情基本上都由赵桂芳一人来处理。此时的赵桂芳只是一名科级干部，她在区政府已经工作快十年了。她觉得自己没有晋升的空间，因此想要换个地方重新开始职业生涯。她在大学期间就对经济和贸易感兴趣，学的也是外语专业。20 世纪 90 年代是下海经商最热门的时期，看到同学还有社会上的人纷纷投入商界，赵桂芳也坐不住了，她觉得自己在这方面有天赋，应该能大有所为。加上她觉得目前的工作有些无趣，就辞职去经商了。一开始，赵桂芳确实做得风生水起，赚了不少钱，但是后来因为一次重大决策失误导致公司亏损，她的信心受到极大的打击，也就放弃了经商。不过这几年的经商确实让她收获了不少财产，因此她选择辞职在家带孩子。李大海仕途一帆风顺，在临退休时享受到了局级待遇，也住进了新的房子。退休后的李大海和赵桂芳的日常生活很规律。两人每天都是早上 6 点起床，简单吃过早饭之后，就去天坛公园散步，在古树下回忆自己青涩的时光和这些年走过的人生之路。到上午 10 点多，两人回家吃午饭，下午的时间李大海多用来看报纸，赵桂芳则更喜欢上网浏览消息。晚饭之后是二人一起看电视的时间，到 9 点，他们就准时休息了。有时候儿子和儿媳妇回来看他们，李大海和赵桂芳就跟儿子儿媳聊到很晚。可是，一年前发生的一件事，打破了两位退休老人规律的生活：他们有孙子了。

李大海和赵桂芳的儿子李忠，在很小的时候就展现出了极强的语言天赋，因此父母从小就开始教他英语。李忠从小学开始，学习成绩一直很好，在学习方面也一直很自觉，加上母亲后来不上班，一直在家辅导他的功课。每逢周末，李大海在家休息，也都是赵桂芳陪李忠去参加钢琴课和其他的课外辅导班。后来，功夫不负有心人，李忠考上了市重点高中。高中三年，赵桂芳每天都陪着儿子熬到深夜。最终李忠以优异的成绩考入了清华大学。本科毕业后，李忠希望出国深造，李大海和赵桂芳虽然舍不得，但还是支持儿子出国。李忠被哈佛大学录取，这让父母感到很是欣慰。在哈佛大学读书期间，李忠在一次联谊会上认识了毕业于北京大学、在哈佛商学院读研究生的张甜。真是无巧不成书，经过双方自我介绍之后，李忠才发现张甜原来是上海人。

李忠心想：上海人在北京上大学，我的父亲李大海不就是这样吗？他觉得自己和张甜很有缘分。果然在不久之后，二人就坠入爱河。回国后，李忠进了大型国企，张甜进了外企工作。他们平时工作很忙，在父母的百般催促下，终于同意要孩子。孩子出生之后，由于张甜的父母都在上海生活，年龄大了，也不方便过来，张甜就问李忠："能不能让咱妈过来照看一下孩子？"李忠说："那咱们干脆把孩子放在他们住的地方就好了。"张甜急忙说道："放在咱爸妈那儿，我一个礼拜就只能见一回孩子了啊，我还是想天天看见。"李忠知道张甜对孩子的喜爱，说："那好，我问一下妈，她要愿意过来的话，就让她来帮咱们照看，不愿意的话，咱们再另想别的办法。"李忠给家里打了电话，赵桂芳立刻答应了去李忠的住处替他们看孩子。经常一去就是好几天，有时甚至一个礼拜都住在儿子家。

赵桂芳不在家的日子，家里只剩下了李大海一个人。李大海一开始很不理解为什么不把孙子抱过来，非要让赵桂芳过去。赵桂芳跟他解释说："咱儿媳妇想每天下班都能看见孩子，把孙子抱到咱们这儿，她就见不到啦。每天下班都晚上 10 点了。你不懂母亲的心情，我跑着不累。"李大海尽管有牢骚，但是想着儿子儿媳怪不容易的，就没拦着赵桂芳过去。可是时间一长，李大海实在是受不了，每天吃饭只能自己瞎凑合，去公园散步也觉得无聊，下午看的报纸也得自己去楼下买，以往进门是热茶热饭，现在变成了冷锅凉水，没有人照顾的日子实在是不好过。李大海以前在单位当领导，习惯被别人前呼后拥，在家被老婆照顾，这下赵桂芳经常不在家，他很不适应。

李大海忍了半年多，赵桂芳还没有回家的意思。李大海越来越感到无法忍受的孤独，他想：我过去当干部对家庭虽然照顾不多，但是，你们跟着我光荣了一辈子。现在，我退休了，你们谁也不管我了，老伴也有名无实，这个家还有什么意思？某个星期五，赵桂芳在走了一个礼拜之后，终于回来了。一进门，李大海还没等赵桂芳把包放下，就对她说道："这日子没法过了，成天不在家。"赵桂芳说："这不是特殊时期嘛，咱们小孙子现在长得可好了，哪天你跟我一起过去看看吧。"说完，赵桂芳从柜子里拿了个东西，就又急忙走了。李大海本以为周末还能吃顿好的，这下看来，又得自己动手，丰衣足食了。后来，赵桂芳经常是一个礼拜都在李忠家，李大海也有搬过去的意思，不过张甜貌似不太乐意。后来在李忠的劝说下，李大海还是在家里待着。李大海实在是忍不了了，眼看着说服不了老伴，他一气之下，就去了法院。李大海把自己的老伴赵桂芳告上法院，以夫妻长期分居、感情不和为由，要求与老伴离婚。

儿子、儿媳闻讯都惊住了，他们纷纷来劝李大海撤诉，但是李大海非说要让法院评评理。李忠说："爸，您这是要干吗呀？您要是觉得一个人在家待着没意思，我就让妈回去。"李大海说："不用，就让她在你们那儿住吧，我让法官评理。"张甜赶忙劝说道："爸，是我不对，我不应该叫李忠把妈叫过来帮我照看孩子的，我找一个保姆，让妈回家，您别打这个官司了，都是咱们自家的事情。"李大海驳斥道："不行，现在说啥都不管用，我咽不下这口气，一定要让法院替我评评理。"赵桂芳跟李大海说过一段时间就回去，但是这时的李大海已经什么都听不进去了，坚持要打这场官司。在法院开庭审理时，李大海说夫妻感情已经破裂，要求法院依法判决离婚。赵桂芳听了李大海绝情的话语，流着泪对法官说："我因为照顾孙子他就和我离婚，太不讲理了！我这辈子已经和他过够了，离就离吧！"法官对他们劝解道："您二老都不要意气用事，你们之间没有根本的矛盾，希望你们能够和解。"

在法院休庭以后，儿子和老同事又都纷纷上门劝告李大海撤诉。李大海以前的老上司刘科长对他说："大海，你也一把年纪了，跟桂芳两个人风风雨雨到现在不容易啊。再说桂芳照顾孙子也是为了这个家好，你一定要好好想想啊。""对了，我还记得你当年跟桂芳结婚的时候，同事们可都羡慕得不行了呢，说你们特别般配。而且李忠也这么有出息，现在挣了大钱，就是累一点儿。特殊时期特殊办法嘛，你也多体谅体谅他们和桂芳。"听了刘科长的话，李大海算是想明白了，自己当了一辈子干部，到老了确实心态发生了变化。后来，李大海跟赵桂芳和解了，并且亲自承认了错误，老伴也搬回了家中。李大海看赵桂芳一连三天都没有去儿子家，问她："你现在不用天天去了？"赵桂芳说："之前孩子太小，整天离不开人，现在李忠和张甜看孩子大了，也怕我太累，就找了个保姆照顾，让我回来好好陪着你，他们说你太孤单了。"李大海面露羞愧地说："哎，都是我的不对，还让孩子破费，请个保姆来照顾，要不我跟你一起去照顾孙子吧。"赵桂芳说："儿媳妇早就说啦，等你啥时候想看孩子了，她就把孩子送过来住一段时间，正好自己也能安心工作。"屋内传来了李大海和赵桂芳的笑声，仿佛他们又回到了在办公室初次见面的时候。

后来，张甜和李忠经常回来看父母。一年之后，孙子能上幼儿园了，李大海就主动去接送孩子，孩子跟爷爷的感情甚至比跟奶奶还要好。李忠开玩笑说："爸，小伟现在可是跟您最亲啊，老是跟我说要见爷爷呢。"李大海笑得合不拢嘴。当初打官司的事情，一家人再也没有提起过，从此他们过上了和和美美的生活。

少年夫妻老来伴，老年夫妇既然已经携手走过了大半生，在晚年更应当关心自己的老伴，宽容老伴的返老还童脾气。尽管人人喜欢儿孙绕膝，但是两个人独立的生活空间也不能少。虽说《老年人权益保障法》第二十一条规定了老年人的婚姻自由受法律保护，子女或者其他亲属不得干涉老年人离婚、再婚及婚后的生活，但是尊重是人的内心修养和高尚美德，老年夫妻不能因为岁月流逝而失去对自己伴侣的尊重，这不仅是对他人人格与价值的充分肯定，也是对自己相濡以沫配偶的重视。当尊重成为夫妻间和煦的春风、甘洌的清泉，老年人的家庭生活才会幸福，子女才会安心，社会才能安定。

## 31. 老人在世多关心 莫等白头空悲切

78 岁的牛老汉是黄土高原某村的农民，往上数三代，老牛家也是农民，世代都居住在这个小村子里，没有走出过大山。牛老汉小时候很喜欢读书，想上学，可惜家里没钱供他上学，他只好在家种地，平时看谁家里有书了，就去借着看。等到牛老汉娶妻结婚后，有了两个儿子。他希望儿子能替他完成上学梦，于是就给大儿子起名叫“牛大学”。牛老汉通过平时看书，知道除了大学，还有硕士和博士可以继续读，于是他就给二儿子起名牛博学。牛老汉的老婆在生下两个儿子之后就去世了，牛老汉一直靠自己把两个孩子拉扯大。收成好的时候，牛老汉才舍得吃一顿肉。平时，他都把肉给孩子吃，自己只吃菜喝粥。等到孩子读完小学，村子里除了小学没有中学。然而，上中学就意味着要去镇上，镇里离村子有十几里路，牛老汉就用三轮车接送两个孩子，不管是刮风还是下雨，天天如此。牛大学和牛博学平时学习都很努力，他们知道父亲供自己上学受了很多苦。因此，不管学习条件多差，他们都始终坚持。

后来，牛大学和牛博学在初中毕业之后，都考上了县城的好高中。县城的高中离家里就更远了，牛老汉不可能天天去接送，因此牛大学和牛博学就住在了学校，每到周末才回家一次。牛老汉为了牛大学和牛博学的住宿费和学费到处找人借钱，不知道受了多少人的白眼和冷嘲热讽。有的村民甚至对牛老汉说：“牛老汉，你别瞎折腾了，你们祖上往上数三代都没走出过咱们这个村子，你还想培养出大学生来？而且一培养还就是两个？”这些事情，牛老汉从来没跟两个儿子提起过。学校住宿的条件很不好，三十几个同学挤在一个大通铺，吃的是像铁一样硬的干馒头，但是大家学习都很刻苦，到晚上 12 点还有人在点着蜡烛读书。在这样艰苦的环境中读了几年书，牛大学和牛博学幸运地赶上了恢复高考。有机会参加高考了，大家都跃跃欲试，牛老汉也很激动。高考的那几天，牛老汉紧张得睡不着，两个儿子很争气，先后都考上了大学。牛大学选择学农学，希望以后能回报家乡，为家乡的农业发展做贡献，最终考上了省里的农学院；牛博学希望学经济，以后好当个大商人，考上了外地某省重点大学的商学院。时间一晃，许多年过去了，牛老汉已经没办法种地了。牛大学在大学毕业后回家乡搞种植，但是由于一次意外，30 多岁就去世了，牛老汉就独自一人生活。

牛博学当年上了重点大学之后，发现城里有太多好玩的地方，而且大学同学多是城里人，大家都很注重打扮，而他变得很自卑，觉得自己像个土老帽一样。后来，他时不时地管父亲和大哥要钱，说是买书，结果基本上都用来玩儿了。不过父亲和大哥觉得他在重点大学，又是大城市，肯定开销比较多，因此咬咬牙也给牛博学做好后勤保障。过了一段时间，牛博学意识到自己不能再这样放纵下去了，开始专心学习，最后以优异的成绩从大学毕业。后来，牛博学进了一家外贸公司，在公司干的这几年，他积累了不少资本和人脉。但是，牛博学觉得在大城市太累，就回到了家乡的省会城市自己开公司，做起了当地土特产的生意。

牛老汉在家一个人带孙子，后来种不了地了，他就只好把地租出去，每个月仅靠着一点儿租金过日子。牛博学在刚毕业工作的时候，每个月都给牛老汉打钱，牛老汉收到儿子寄来的钱非常高兴。想着自己那么多年没白辛苦，把儿子养大成人了。现在儿子有了出息，还时时不忘老父亲，一辈子真的知足了。但是好景不长，过了两年，牛博学渐渐地跟牛老汉联系得少了。想起父亲的时候，就打个一二百块钱，但是通常几个月都不给父亲寄钱，而牛老汉也好几年没有见到过牛博学了。牛老汉的生活越来越穷困，后来村子里的人都去外地打工了，几乎没人种地，牛老汉迫不得已只好以很低的价格把地卖给了一家大型农业公司，自己也申请了低保，总之生活过得很艰辛。村里的老人们聚在一起时，也总是议论牛老汉。一个老人说："牛老汉真的命苦啊，想当初那么费劲地把两个儿子拉扯大，结果大儿子死得早，小儿子这么多年也不回来看看他。不回来看也行，给家里寄点儿钱，但是我听说这个小子至少三年没寄过钱了，现在也不知道在哪儿享福呢，不管他爸啦。"其他老人也对牛老汉的遭遇纷纷表示同情。

牛博学是整个省里最早开始做特产生意的人。后来他的特产商品已经卖到了全国各地，生意做得有声有色，按说他应该是衣食无忧了。可是，他也有烦心事——儿子牛宝大学毕业以后就自己去外面闯荡了，不仅不愿意看望他，甚至连句话也不愿意跟他好好说。牛博学琢磨着要是长此以往，等自己年岁大了，怎么还能指望儿子养老送终呢？这天，牛博学又给儿子打了个电话。“牛宝啊，最近工作忙不忙？”牛博学问。“哦，不忙，还是老样子。”牛宝冷冷地说，“爸，我现在刚工作没多久，压力也挺大的，但是爷爷那边生活条件很不好，您能不能把他接到您这边住？”每次牛博学和牛宝打电话时，牛宝总是要劝父亲好好照顾远在县城村子里的爷爷。“这事儿不用你管，听见没有？你哪天回家？缺什么？告诉我，我给你买就是了。”牛博学说。“好吧……我什么都不用，我自己上班挣的钱够我交房租和生活费了。回家的事情再说吧，我这儿正忙着呢，还有东西要写。”说罢，牛宝就把电话挂了。牛宝在小的时候，牛博学带着他回过几次老家。牛宝觉得爷爷牛老汉是一个特别好的人，每次回老家的时候都对他百般照顾，给他讲好多故事，因此牛宝特别喜欢爷爷。但是，牛宝发现自己的父亲牛博学和母亲对牛老汉的态度很冷淡。牛宝平时工作压力大，一个月的工资基本上都交房租了，但是他省吃俭用，每个月都坚持给爷爷寄 200 元过去。老家的屋子常年漏水、家具破烂，最近更严重了，这些问题牛宝实在是无能为力。所以他暗下决心，一定要更努力地工作，为爷爷修好房子。牛博学见说不动儿子，就一纸诉状把儿子牛宝告上了法院，说他不赡养自己。

没过几天，法院的书记员给牛博学打去了电话。书记员说：“喂，您好，请问是牛博学先生吗？我是法院的书记员。”“哦，哦，我是，开庭是吧？哪天？在哪个屋？”牛博学高兴地问。他心里想：法院办事的效率也太高了，这才没几天的工夫就叫我去开庭了。“周三早上九点三十分，在十五法庭，再跟您确认一下案件，是牛……”还没等书记员说完，牛博学就赶忙回复：“好的，好的，我知道了，不打扰您宝贵的工作时间了，我周三早上九点半，哦，不，九点一刻我就准时在法庭外面等着，再见。”牛博学急急忙忙地就挂了电话。

开庭那天，牛博学信心十足地来到法庭，可是一进审判庭，牛博学大吃一惊，他发现自己那个已经好几年没见面的老父亲也来了，而且老父亲现在正坐在自己应该坐的原告席上，而儿子牛宝却坐在了旁听席上。牛博学心里一面笑父亲和儿子愚蠢，连坐哪儿都弄不清楚，一面告诉父亲他应该坐到旁听席上，自己才是本案的原告，被告应该是儿子牛宝。可就在这时，书记员宣布今天审理的是牛老汉也就是牛博学的父亲诉牛博学赡养纠纷一案。牛博学当时吃惊得下巴都快掉了下来，他这才意识到哪儿不对劲了，心想：怪不得那天打电话时，儿子说他要忙着写东西，原来是替他爷爷写告我的诉状，学了几年法律，跑我身上试验来了。他越想越生气，后悔那天应该听完书记员的电话。

牛博学指着坐在旁听席上的牛宝，说："好你个臭小子，肯定又是你折腾的吧？这种事情值得上法庭来说吗？你爷爷和我的事情，关你什么事？"牛博学大声呵斥着牛宝，牛宝只注视着法官，根本不看牛博学一眼。这时，法官敲了一声法槌，说道："请被告保持冷静，这是在法庭，有任何意见请在法庭审理过程中进行说明。"法官一声令下，纵使牛博学心里百般不乐意，也只得乖乖地坐在被告席上。紧接着，法官开始审理牛老汉诉牛博学赡养纠纷案。通过法庭调查，法官得知，原来牛老汉已经快 80 岁了，自从儿子大学毕业做生意后，慢慢地不再回家了。刚开始牛老汉还能靠自己种那几亩地，后来身体出了问题，腿脚也不好使了，自己实在是难以支撑。如今他独自一人住在极其简陋的房屋里，生活条件相当艰苦，住的屋子是刮风钻风、下雨漏雨。为了省钱过日子，牛老汉现在一个月才吃一回肉。之所以告儿子牛博学，牛老汉说就是想看看病，还有那老房子一遇到刮风下雨就漏水，自己实在没钱修，希望牛博学能够找人给修修。对于父亲陈述的情况，牛博学表示没有异议，但是他说："我早就想好了，我不要他的房产家产，那么理所当然地也不应该赡养父亲了。"对于牛博学的这一番话，旁听席上的牛宝气愤不过，大声质问父亲道："你不养爷爷，我就不养你，我也不用你养我，靠工作我可以养活自己。"审判员对牛博学说："牛博学，你现在从事什么职业，月收入能有多少？"牛博学说："我卖特产，每个月差不多能有 10 多万元吧。"审判员说："赡养老人是我国法律明确规定的义务，这项义务跟你要不要父亲的房产没关系。我在开庭前特地去了你父亲家里，直到现在他住的房子里连个像样的家具都没有，房子也很破旧，你现在一个月挣这么多钱，只要拿出很少一部分就能让你父亲生活得很好。”牛博学说：“我之前没钱的时候，往家里打过钱，现在在城里做生意，实在太忙了，顾不上。”审判员紧接着说道：“牛博学，你好好想想吧，以前你父亲是怎么把你送上大学的，你上大学时要钱要得多，你父亲和你哥哥毫不犹豫就给你寄过去。是，以前你哥哥活着的时候，有你哥照顾父亲。现在你哥已经去世很久了，难道你不应该承担起这份责任吗？你觉得这样做，你哥哥心里会好受吗？他当初也没少帮过你吧？你儿子牛宝都比你懂事，知道要照顾爷爷，我看你现在是挣钱挣得太多，忘了本了啊！”

法官的一番话，让原本在气头上的牛博学一下子醒悟了。小时候上学以及与父亲在一起的情形在他脑中如过电影一般。牛博学哭了，他用手撑着头，说道：“是啊，法官，当年的生活确实太不容易了。我现在真的是挣钱挣得鬼迷心窍，觉得从村子里出来，到了大城市就了不起了，现在想想确实是我自己忘了本，连我自己的儿子都教育我啊。”说罢，牛博学站立起来，“扑通”一声跪倒在牛老汉面前：“爹，对不起，这些年是儿子不好！”牛老汉在法官跟牛博学对话的过程中，眼泪早已在眼眶中不知转了多少圈，现在看见牛博学在自己面前主动跪下认错，“哇”的一下就哭出了声，他赶忙扶起跪着的牛博学，连忙叫着：“儿啊，儿啊。”两人抱在一起痛哭的场面，让审判员和牛宝都为之动容。审判员咳了一声，说道：“请原告和被告回到座位上，接下来进行……”牛老汉此时已经激动得不能自已了，他急忙对法官说：“法官，别往下进行了，我不告了，回家！”法官笑了一下，说：“好的，那我就做裁定，说你撤诉了？”牛老汉说：“好，对，撤诉，我这就回家，博学、牛宝，走吧，咱们回家！”牛博学起身，搀扶着牛老汉走出了法庭。

经过这件事之后，牛博学彻底反省了，他花了5万元把老家的房子重新建了一下，给父亲买了一台大彩电，每个月都给父亲1000元的赡养费。村里人看见牛老汉家的新房子都很羡慕，再也没有人说他的风凉话了。牛博学几次都要把父亲接到自己身边来住，父亲也确实住过几次，但是觉得住在楼房里不舒服，就又回家了。牛博学说："爹，您在家里好好待着，我保证每个礼拜都看您一次。您要有啥事，或者想过来就给我打电话。"老父亲听了牛博学的话，笑得合不拢嘴。再说牛宝，自从打完这场官司之后，牛宝对父亲的态度也转变了。他回家的次数明显比以前多了。事后，牛宝主动向父亲承认错误，说自己不应该用这样的方法使他们和好，让法官见笑了。牛博学听了之后，笑着说："哪有的事儿啊！确实是你爸我做得不对，要不是法官，我肯定还自己较着劲呢。"

"树欲静而风不止，子欲养而亲不待"，这句话是错过行孝者的终生悔恨。要让孝行天下，首先，身为父母的人应当以身作则给孩子看，不能等到自己老了才知道赡养的重要性；其次，老年人对于自己的赡养权利不能放弃，不管社会保障机制如何健全，都要鼓励孩子们行孝。因为这是法律明确规定的，子女不能抛弃的义务。《老年人权益保障法》第十四条、第十八条、第十九条规定：赡养人应当履行对老年人经济上供养、生活上照料和精神上慰藉的义务，照顾老年人的特殊需要。家庭成员应当关心老年人的精神需求，不得忽视、冷落老年人。与老年人分开居住的家庭成员，应当经常看望或者问候老年人。赡养人不得以放弃继承权或者其他理由，拒绝履行赡养义务。经济供养指赡养人在经济上负担老年人的生活支出。维持生存所必需的主要以解决老年人吃、穿、住、医疗等生存需求为目标的经济供养，是所有老年人都不可或缺的，在赡养人的义务中处于基础和核心地位。需要说明的是，随着我国经济社会发展和保障老年人权益的客观需要，经济供养不仅应当确保老年人维持基本生存，而且应当使老年人逐步提升生活质量，过上幸福愉快的晚年。从长远来看，随着我国经济社会的发展，社会养老保险制度不断健全，社会救助体系日益完善，经济供养正在逐渐由以家庭为主向以社会为主转变。但是无论如何，对于赡养人而言，经济供养仍然是一项首要的赡养义务。

# 32. 黄昏之恋真情意　老来有伴不孤寂

老赵和张大娘都是岭头村的村民。老赵和妻子王太婆育有一儿一女，儿子赵凯为了能让妹妹上学念书，选择放弃读大学，在村里务农。老赵的女儿赵芳从小学习成绩就不错，在哥哥赵凯和全村人的帮助下，考上了城里的大学。在读大学期间，赵芳也不忘勤工俭学，后来以优异的成绩通过了国家公务员考试，进入市政府工作。一年前，赵芳被组织派到基层进行锻炼，在花岭镇当镇长。老赵的老伴王太婆在几年前因病去世，赵凯、赵芳也早已不跟老赵居住，只是隔几个月回来一趟，因此老赵基本上是孤零零的一个人生活，他的内心很是苦闷。

张大娘和老赵一样，也是从小在岭头村长大的，说来也巧，他俩还是小学、初中同学。后来，由于张大娘的父亲去城里工作，她也就去了省城读书。如今，张大娘和老赵有好几十年没见了。

一天，老赵在街上散步，他发现有户人家门口停着一辆小轿车。老赵心想：平时也不太会有车子进村，这肯定是有谁从城里回来了吧？老赵走近一看，发现那正是自己多年没见的同学张大娘。老赵心里有些激动，他不敢相信自己所看到的一切。要知道，张家已经几十年没回过村里了，说不定这是他们把房子卖给了城里人，城里人来收拾房子了。通过开着的半扇大门，老赵发现院子里有人。他觉得院子里的老人像自己的同学张大娘，就试探性地叫了一声："张小花。"院子里的老人听到"张小花"这三个字后，立刻转过了身，跟老赵对视了很久。两人脸上都露出了笑容，快步向对方走去，几乎同时说出："老同学，好久不见啦！"上小学时，老赵和张大娘坐过一段时间的同桌，由于张大娘学习成绩好，总是名列全班第一，老师给她发了许多小红花，让大家羡慕不已。当时的老赵在班里是最调皮捣蛋的学生，他想到张大娘的名字叫张孝华，"孝华"正好和"小花"发音相似，因此老赵就管她叫"张小花"。后来，班里的同学换了一拨又一拨，到初中毕业时，只有老赵一个人叫她"小花"了。老赵迫不及待地问张大娘："小花，你不是一直在城里吗？怎么回来了？"张大娘对老赵说："想回来住啦！"这时，只听屋里传来一声："妈，来吃饭吧。"张大娘说："我儿子叫我吃饭去了，老赵，要不你也来一起吃吧。”老赵谢绝了张大娘，他说：“你回来住几天？”张大娘说：“不走啦，就在这里住下了。”老赵笑着说：“好，好，你先吃饭吧，既然不走了，以后见面的时间还长着呢，我再过来找你聊天。”后来，老赵经常找张大娘。在聊天过程中，老赵得知张大娘搬回来住是因为自己的丈夫李老汉去世了。儿子也大了，她自己一个人在城里的楼房住着也没啥意思，就让儿子李二虎把自己送回村里的老宅子，顺便让二虎陪她住一段时间。听到张大娘的丈夫去世，老赵也把自己的经历告诉了她。两人从小学时光聊到家庭生活，总有说不完的话，看起来都比以前高兴了不少。

这天，村边一间破旧的小瓦房边，两位老人老赵和张大娘正商量着去镇上办理结婚手续。老赵跟张大娘说：“也不知道是村里谁传的闲话，咱俩这还没去登记结婚，我的儿子和闺女就打电话问我，我只好实话实说，没想到被他们说了一通，他们不同意咱们结婚。”张大娘说：“我这边的情况也不比你好多少，我只有一个儿子二虎，他也不同意。”两人虽然磨破了嘴皮子，但是子女们就是不同意他们的婚事。老赵觉得一直等下去毕竟不是办法，便决定和张大娘一起，先去乡民政所把结婚证办了。老赵说：“小花，要不咱们直接去登记吧，登记好了他们再拦着也没有用。”张大娘说：“行，就听你的，没想到这么大岁数了，咱们也冲动一把！”两位老人都哈哈大笑。

好不容易说服了张大娘，他们高高兴兴地到了民政所。民政所的工作人员小王看到他们后，主动热情地接待他们。小王热情地问老赵：“赵叔，您今天来是要干什么呀？找镇长吗？”老赵说：“不找她，找她我就直接去她办公室了，我现在岁数是大了点儿，不过她在哪个屋我还是记得的，我今天是想来办结婚登记。”张大娘告诉老赵：“老赵，你听到刚才那个小王叫咱们赵叔、张婶了吧？”老赵说：“听到了。”“其实我刚才就觉得不对劲儿，我又没来过镇上的民政所，也没见过小王，他咋知道我姓张？”填完表、拍完照后，眼看就要到最后的盖章、发证了，小王却说：“赵叔、张婶先坐，我去给你们倒杯水。”老赵的闺女赵芳在镇上当镇长有一段时间了，老赵也去镇上找过赵芳几回，因此民政所的小王也就认识了他。小王说是给他们倒水，其实是偷偷到隔壁屋打电话。原来老赵的女儿赵芳早就给民政所打过招呼，如果是自己的父亲来办结婚手续，就先想方设法拖一拖。过了一段时间，小王端着两杯热水从办公室出来，他告诉老赵，公章被领导锁起来了，领导出差暂时回不来，让两位老人先回去。万般无奈，两位老人只好离开了民政所。回家途中，张大娘说。老赵倒吸了一口凉气，说："是啊，看来是我闺女早就告诉他咱们有可能来了！"张大娘感叹着说："其实我明白是你的女儿不让办结婚证，既然孩子们这么坚决，咱们还是算了吧。"老赵答应了张大娘，虽然做不成夫妻，但是还希望以后有什么事情，能相互有个照料，张大娘也觉得这样做比较妥当。

就在二人说话的时候，张大娘的儿子李二虎拿着铁锹怒气冲冲地跑上前来，不由分说，一下子就把张大娘推倒在地。李二虎气哼哼地说："你凭什么要跟村里这个赵老头结婚？我爸对你不好吗？他这才刚去世没几年啊？"老赵看到张大娘被推倒在地，顿时惊住了，他呵斥道："二虎，他可是你妈啊，你这是在干什么？疯了吗？"李二虎大声叫道："她才不是我亲妈，我亲妈 20 年前就死了。""那你也不能随便打人啊！"老赵气得直跺脚。李二虎显然还在气头上，说道："还有你，你也不是什么好人，老婆刚死就又跟别的女人好上了！"听到这句话，平时脾气不错的老赵也忍不住了，他上去一把抱住李二虎，但是李二虎毕竟年轻，身体强壮，老赵根本抱不动他，于是就跟李二虎扭打在一起。在与老赵推搡的过程中，李二虎猛地将老赵一推，老赵向后踉跄了几步，顺势倒下，头部正好砸在一块石头上，当场血流不止。一次本该愉快的结婚登记，没想到变成了闹剧。周围邻居齐心协力，这才制服了李二虎，老赵也因为脑震荡缝了针，住了院。赵芳得知此事后报了警，后来李二虎被检察院提起了公诉。法院认为李二虎的行为已经触犯了《刑法》，但是由于被害人老赵请求轻判以及李二虎的认罪态度较好，法庭决定对李二虎从轻判决，判处李二虎有期徒刑 1 年，缓刑 1 年。

医院里，张大娘照顾着老赵，两人都禁不住长叹不止。"二虎虽然不是我亲生的，但这么多年我一直把他当亲儿子养，没想到……”张大娘很是伤心。躺在病床上的老赵说：“唉，咱们都是命苦的人啊，你说我当年那么想跟你好，但是你们家又进了城，我没啥能耐，学习成绩也不好，上完初中就在村里种地了，没本事去城里找你，没法让你过上好日子啊……现在好不容易咱们凑到了一起，孩子又不愿意，看来这辈子咱们真是没缘分啊！”张大娘说：“老赵啊，你可别这么说，咱们现在不就是在一起呢嘛，都这么一把岁数了，领不领证又有啥关系呢，领了证成了合法夫妻，孩子还嫌弃我呢！”“也是，也是。”老赵闭着眼一个劲儿地点头。

就在这时，老赵的女儿赵芳带着民政局的小王过来了。赵芳一进门，就抱着父亲痛哭，她说：“爸，都是我不好啊！我不该拦着您跟张婶结婚的。”老赵说：“傻闺女，都过去了，我这不是好好的，还在呢！”赵芳擦干眼泪，对老赵说：“爸，我今天来医院，除了给您赔不是，还给您带来了一份礼物，不！说它是礼物，其实它也不是，因为它本来就是您应得的。”赵芳说罢，小王从包里拿出了两本崭新的结婚证，分别交给了张大娘和老赵，他说：“真是对不起二老，当时都给你们拍照了，但是我却骗你们没有印章，真是对不住，这两本结婚证早就该是你们的，我在这里给你们赔不是了！真的是对不起！”小王给两位老人深深地鞠了一躬。在给两位老人承认错误的同时，赵芳和小王也深深地祝福两位老人。这时，在病房外，李二虎左手提着水果篮，右手提着一箱牛奶，低着头出现在病房门口……

根据《老年人权益保障法》第二十一条的规定，老年人的婚姻自由受法律保护。子女或者其他亲属不得干涉老年人离婚、再婚及婚后的生活。婚姻自由又称婚姻自主，是指婚姻当事人享有自主地决定自己婚姻的权利。婚姻当事人按照法律的规定，有权基于本人的意志，自主自愿地决定自己的婚姻问题，不受他人的干涉和强制。婚姻自由包括结婚自由和离婚自由。结婚自由，是指婚姻当事人有依法缔结婚姻关系的自由。当事人是否结婚，与谁结婚，是其本人的权利，任何人无权干涉。自愿是实现婚姻自由的前提，双方意思表示一致是婚姻以互爱为基础的必要条件。但自愿必须不违背法律规定的条件和程序，因为结婚自由绝不意味着当事人可以在婚姻问题上为所欲为。在结婚自由问题上，包办、强迫或干涉他人婚姻的行为是被反对的，各种轻率行为也是被反对的。结婚双方都必须符合婚姻法里关于结婚的法定条件。离婚自由，是指夫妻有依法解除婚姻关系的自由。结婚自由和离婚自由是统一的，二者相互结合、缺一不可。婚姻法明确规定结婚自由，任何人不得干涉他人的婚姻自由。婚姻自由不仅是法律赋予青年人的权利，也是老年人的权利。在法律上，任何人的婚姻自由权利都是平等的。丧偶老人再婚，只要是出于双方自愿，并且符合法律的规定，都应当受到法律的保护。子女或者其他亲属不得干涉老年人离婚、再婚及婚后的生活。

婚姻自由包括老年人的再婚自由。在现实生活中，丧偶或者离异的老人不在少数，而老年人再婚障碍多、麻烦大。现实生活中阻碍老年人再婚的因素既有世俗偏见的禁锢和老年人自身固有观念的束缚，也有子女干涉的原因。一些年轻人认为，父母再婚“有辱门风”，自己脸上无光，父母积攒的财产也会流落到外人手里。因此为了自己的名声和财产利益，百般阻挠，想尽办法干涉父母的再婚自由，甚至用侮辱、威胁或者施以暴力来达到阻止父母再婚的目的。由此可见，法律上有针对性地强调保护老年人的婚姻自由，特别是再婚自由就显得尤为重要。在老年人再婚的问题上，除消除世俗偏见、打消老年人自身不正确的固有观念这些无形的枷锁外，更重要的是防止子女对父母婚姻自由的阻挠和干涉，还老年人再婚自由的权利。对于老年人来说，仅有“老有所养”是不够的，还应该“老有所伴”“老有所慰”。老年人的再婚，是生活上的需求，更是心理上的需求，子女对老人的关心照顾及情感、行为不能代替老夫老妻之间那种情感交流和行为。婚姻专家认为，老年人再婚，一方面，可以减轻双方子女的负担，两个人互相扶持、互相照顾，子女不用过于分心、惦记；另一方面，老年人再婚，老有依靠，在经济上互相扶持，在生活上互相照料，说话有人回应、理解，在精神上互相慰藉，有利于老年人的身心健康。让再婚老人相互关怀照顾，共度幸福晚年，对国家、社会和家庭都有利。老年人再婚，应得到社会的认可和关注，得到子女的理解和支持。给老年人一个金色的晚年，这也是社会文明进步的需要和体现。

近年来，老年人再婚的现象逐渐增加。大多数年轻人对父母再婚表示赞成，甚至为父母的再婚积极做红娘、牵线搭桥，这是社会文明的表现。但是，也有一部分年轻人对老人再婚表示反对，甚至千方百计予以阻挠，还有的子女顾虑父母百年后的财产继承问题产生纠纷而反对老年人再婚，这些都是违法的行为。实践中有关部门应当对干涉老人婚姻自由和婚后生活的行为进行严肃的批评教育，帮助他们正确对待老人婚姻的问题。同时，应鼓励和支持老年人大胆地追求幸福，运用法律武器来维护自己的正当权利。另外，老年人的离婚自由也是不可忽视的问题。老年人与配偶双方感情确已破裂，婚姻关系无法维持的，有权提出解除婚姻关系，子女或其他亲属不能因为客观条件而忽视他们的情感需要，反对他们离婚。

## 33. 儿孙满堂老有福　子女和睦才为家

70 岁的张大妈自从老伴李大爷因病去世后就一个人居住。张大妈和李大爷一共有四个孩子，老大李梅和老四李菊是女儿，老二李兰、老三李竹是儿子。张大妈很注重对孩子的教育，李梅兄妹四人虽然没有做成一番大事业，不过都有稳定的工作，也顺利组建了自己的家庭，过上了幸福的生活。老三李竹是张大妈最喜欢的孩子，李竹也对母亲一直关心有加。其他三个孩子虽然也和张大妈生活在同一个城市，但只是偶尔想起来回来看一下她，李竹却是每周都回家看望母亲，这一习惯多年未曾改变。张大妈住的院子虽然不是很大，但是位于市中心，在物价飞涨的当下，这个小房子也价值上百万元。前不久，张大妈突发心脏病，在医院治疗了几个月才出院。

李竹不放心母亲一个人生活，出于照料母亲的考虑，他全家搬回来与母亲同住。张大妈对李竹说："竹啊，我知道你心疼我，但是你搬回来跟我住，他们会怎么想啊？""他们，他们是谁？咱们邻居吗？他们说啥我都觉得没关系。"李竹说。"不是邻居，是你大姐、你哥和妹妹。"张大妈语重心长地说，"你们都成家这么多年了，他们回来看我的次数少，你每周都来看我，他们是知道的，其实他们对你这么频繁地来看我已经不满意了。现在你一家三口又都搬过来和我住，我知道你是为我好，为了方便照顾我，还让孙子过来陪我逗我开心，但是这肯定会让他们在私底下议论啊！你还是别在家住了吧，影响你们兄弟姐妹之间的感情。""没事的，妈，我们兄弟姐妹四个，虽然近些年联系不那么多了，但是感情都还在啊，大家关系挺好的，你就放心吧。大姐岁数也大了，不方便照顾您；大哥自己家里还有一堆事情要处理，我知道他忙；我本来就住得离家近，平时工作也没有那么忙，能抽出时间跟您住，再说您孙子也想陪奶奶呢。"李竹说。张大妈眼含热泪地说："竹啊，妈没白疼你，那你就在家住下吧，但是要做好心理准备啊，他们三个是什么样的人，我还是知道的。""好的，妈，等您养好了我就搬走，我会跟我大姐他们沟通好的，您就放心吧！"李竹笑着说。可是，谁知李竹的这一孝顺举动竟导致了一场家庭风暴。

李竹搬回家几天之后，李梅就知道了。这天吃晚饭时，李梅对丈夫方达说：

“你知道吗？李竹一家三口都搬去跟我妈一块儿住了。”“还有这种事？你三弟明摆着是要房子呢吧？”方达冷冷地说。李梅接着说：“是啊，我也觉得他图谋不轨，你说他自己已经买了一套房子了，还动这种心思，咱们现在也只有一套房子啊！”方达说：“不能让他得逞，咱们得想想办法。”这个场景同样发生在李兰和李菊的家中，只不过他们的反应比大姐李梅还要强烈。李梅、李兰、李菊以及他们的家人都认为李竹是想趁着母亲有病，以照料母亲为借口，独占该房产。其中尤以李兰的反应最强烈，因为他至今仍住在单位分的房子里，自己没有买房子。李梅和李菊虽然有自己的房子，但是她们也不想看到这个价值百万的房子落在李竹一个人的手里。所以，他们开始轮流回到家中与母亲谈心。

李梅最先知道李竹搬回了家里，李竹前脚刚搬进去，李梅后脚就回了趟家。这天是周四，李梅拿着两大兜子的新鲜蔬菜和水果来到了母亲的住处。张大妈看到李梅，说道：“梅啊，你怎么今天回来了？不上班吗？”李梅说：“我今天请假了，我们单位一个月可以请一天假。”“这样啊，那还挺好。”张大妈笑着说。李梅一进家门就开始在厨房做饭，为母亲准备了一桌丰盛的午餐。

吃饭时，李梅这才把心里的话说了出来。“妈，我听说最近老三搬回来住了？”张大妈一听李梅说起这件事，就笑了起来，说：“你的消息也太灵通了，是啊，我一个人在家不方便，我把他叫回来住的。”“妈，你可要小心啊，我听邻居张大爷说了，李竹哪是您叫回来的啊，是他自己主动回来住的，还指不定他葫芦里卖的是什么药呢！要是您需要人陪，我们几个可以轮流回来照顾您。”张大妈有些生气了，她放下筷子，面带愠色地说：“什么药？李竹能卖什么药？当然是治病的药！你爸死了，家里就我一个人，你们都是大忙人，哪有时间回来陪我？老三愿意回来跟我住，我高兴，让他回来，怎么了？我知道你们对老三有想法，我也跟他说了，等我病好了就让他搬走，你们都各过各的日子去，不用管我，省得因为我还把你们的关系搞僵了。”李梅也知道母亲生气了，就没再继续谈论这个话题，安安静静地吃完饭，收拾完碗筷，找了个理由走了。

李梅强烈要求母亲让李竹搬走，表示他们可以轮换回到家中照看她的事情，张大妈当天就告诉了李竹，李竹感到很吃惊。张大妈对李梅说的话感到生气，她陷入左右为难之中，手心手背都是肉，对于子女，她并没有偏向，也不想偏向。但是，李竹和她生活的时间最长，如果有个子女来照顾她，她希望就是李竹，可李竹会因为这件事与其他兄弟姐妹产生误会。不过，张大妈想着自己来日不多，就没有让李竹赶紧搬走，还是让李竹接着陪她，毕竟有李竹在家，自己能过得开心一点儿，但是这使得家庭矛盾在暗中进一步升级。

过了一个月，李兰看母亲仍然把李竹留在家中，就多次跑去骚扰他们。一开始，李兰先是辱骂李竹和李竹的妻子，李兰对李竹说："我看你就想赖在这里不走了，你不是自己有住的地方吗？之前大姐就跟妈说过，让你搬出去。"李竹说："妈现在大病初愈，你要是能回家照顾她，我马上就搬走。她现在一个人住在这里，万一出什么事情，都没有人帮忙。""别跟我说这些没用的，我还有自己的家要照顾，哪能像你一样天天回来？"李兰摆手说。李竹听到大哥这么说，心里很是气愤，但是他忍住了。大哥闹完之后，李竹还是像以前一样，天天照顾母亲。几天后，李菊回了趟家，她先是对母亲嘘寒问暖，继而又转移到了房产这个话题，李菊问："妈，您住在这里也有几十年了啊。"张大妈感慨道："是啊，这个院子可有年头了。我现在身体一天不如一天，要是走了，这个房子也就空了。""妈，不会的，还有我在呢！"李菊紧接着说。"我还真不放心你，这个宅子是老祖宗留下来的，我怕你给我卖了。"张大妈笑着说，"我已经知道谁能看好这个宅子了，不用你操心了，过好自己的日子就行。"

李菊听到母亲这么说，心里顿时一紧，她心想：怕我把房子卖了，就是明摆着想把房子给李竹。李菊虽然也想要一个人得到这个房子，但是比起让李竹独占，她更愿意和大姐还有大哥平分。于是，李菊立刻把这次谈话的内容和母亲的态度告诉了李梅和李兰。气急败坏的李兰，由最初的跟李竹争吵，逐渐发展到动手殴打李竹。最严重的一次，张大妈看不下去他们争吵时，上前劝架："竹啊，你就搬走吧！"李竹说："我就看不惯他这样做，凭什么说我是为了房子！"李兰对李竹冷嘲热讽道："不为了房子，难道为了当孝子不成？""我是不是孝子，不敢妄下结论。哥，你比我年长，我平时敬重你，没想到你却三番五次地过来想把我赶出去，对我一直冷言冷语，既然你这样，我也没必要跟你再多说了，我今天就要替咱妈教训教训你这个大孝子！”说罢，李竹一咬牙，握紧拳头就向李兰肚子上打去，李兰也不甘示弱，朝着李竹的大腿就是一脚猛踢。张大妈本来在旁边站着，看到两个儿子打了起来，她赶忙跑过去劝架，谁知道李兰不分青红皂白，在跟李竹扭打的过程中，把张大妈的手掰成了骨折。

万般无奈之下，张大妈找到了街道司法所。人民调解员小王为此进行了民事调解。小王把张大妈和李梅、李兰、李竹、李菊都叫到了街道司法所调解室，经过多次的协商和调解，终于使事情有了较圆满的结果。李梅、李兰、李菊同意李竹说的条件，每周都抽时间回家陪母亲。殴打李竹的李兰向母亲和李竹一家道歉赔偿，而善良的张大妈也原谅了自己子女在一时冲动下做的傻事。李竹为了化解家庭矛盾，也主动搬回了原来的住处。虽然同意每周都回去陪母亲，但是考虑到母亲身体不好，四个子女一致决定雇用一位保姆来照顾母亲的衣食起居，所需费用由他们共同承担。张大妈一家终于和好如初，似乎大家都忘记了房子归属的事情。

原来，在调解之后，张大妈把四个子女叫到一起，说：“跟我一起回一趟家吧，有件事情也该让你们知道了。”回到家中，张大妈从箱子里翻出了一个信封，她说：“你们父亲当年去世的时候，已经对房子有了安排，这个房子是李家的财产，老李对它有处置的权利。这是他当年写的遗书。我当初怕你们看了之后受刺激，对老李有别的想法，就没拿给你们看，也没让你们知道这件事。”“还有这样的事情？”李梅、李兰和李菊异口同声地说。李菊打开信封，看到的是一张泛黄的信纸，上面写道：“我干了一辈子的手艺活，留下了这么一间不大不小的屋子，又养了这么多孩子，等我百年之后，处置它是个大问题，分给谁都不合适。干脆等我的老伴走了，就让它成为一个民俗院吧，我就不单独给谁了，也不再分成四份了。本来好好的一个院子，分成四小份也怪不好的，就让以后的年轻人也能学习一下老手艺，看看老房子吧。”李菊读完父亲的遗嘱不禁潸然泪下，她为自己当年不想继承父亲的手艺而感到后悔。跟父亲学过手艺的李兰，也没能坚持下去，半途而废了。因为父亲当年着重培养李兰，想让他继承自己的手艺，就让李竹走了上学的道路。李竹也很争气，上了名牌大学，毕业后在国家机关工作。“既然已经跟你们说了，那干脆就马上办吧，也算了却你们父亲的一个心愿。”张大妈说。李竹说：“妈，那您住哪里啊？”“我住老年公寓去。”张大妈早就想好了自己的去处。李兰知道父亲的遗嘱后，早已哭成了泪人。李兰说：“妈，过去都是我不好，手艺活我现在捡不起来了，但是民俗院这件事，我一定好好办。”“行，那你就放手办吧。”张大妈笑着说。“那我就负责好好宣传一下，毕竟在传媒这个行业干了这么多年了。”李菊说。“我不像你们在企业，懂技术，看来是帮不了忙了。”李竹说。李菊紧接着说：“别呀，二哥，我们打通关系都靠你了！”“哈哈！”张大妈和她的四个子孩子都笑了，大家仿佛回到了30年前一样：四个孩子搬着板凳，凑在父亲跟前，看父亲做手工，母亲在一旁帮助父亲，一家人其乐融融……

这个故事虽然最后在情节上有大转变，但是通过之前的情节，我们不禁要问，为什么利益总是剥夺亲情？利益剥夺亲情的根本原因是对婚姻法律的无视和家庭道德的沦丧，直接原因是生活还不富有，家庭财产被利欲熏心的子女惦记。为获得年迈父母的财产，子女不择手段地争夺财产的行为主要表现形式如下：一是通过控制手段迫使父母立遗嘱做公证，做出对自己有利的财产处理意见；二是利用各种借口向父母张口，借钱永远不还，不断榨取他们的财产；三是离间父母与其他子女的关系，影响父母感情，确保自己在父母心目中的独占地位，以达到获取家庭财产的目的。

那么，如何防止家庭关系被金钱异化呢？家庭成员的法律名词叫亲属，相互间有法律上割舍不了的权利和义务关系。老年人在处理家庭关系中要率先垂范：对于子女不偏不倚、平等相待；对于大额财产的处理可以听取子女意见，要有均衡的财产分配制度；对于谋求老年人财产所有权的子女要眼明心亮，关键问题不含糊，观点明确不让步。

我国《婚姻法》第四条规定，夫妻应当互相忠实，互相尊重；家庭成员间应当敬老爱幼，互相帮助，维护平等、和睦、文明的婚姻家庭关系。这既不是具体的权利义务性规范，也非禁止性规范，它为人们处理婚姻家庭关系提出了社会公认的道德准则，是以立法形式明确告知公众，国家提倡什么样的婚姻家庭关系，但是不得依此条款单独提起诉讼。

善待老年人既是道德要求，更是法定义务。一方面，老年人依法享有身体健康权和财产自主权，无论子女有什么理由，都不能非法剥夺，更不能拳脚相加，暴力相向，使自己的亲人身心受害；另一方面，我们也希望老年人维权要防患于未然，凡事要多长几个心眼，尤其在财产分配上要慎重，在合法权益受侵害时，要勇敢地拿起法律的武器。

# 34. 小伙骗人终骗己　大妈助人乐自知

人到老年，通常会有两个变化：一个是心肠越来越软，看到别人的不幸，总会心生同情；另一个是辨认能力减退，对于一些新鲜事物不太了解，容易上当受骗，所以针对老年人的诈骗犯罪屡有发生。针对老年人的诈骗犯罪基本上都是当面进行，并且通常都打着沾亲带故的旗号。

高大妈退休在家，她的女儿王倩刚刚研究生毕业，顺利地找到了一份市重点中学语文教师的工作。高大妈对此很是满意，看到女儿挣钱了，她也觉得自己心里豁亮了许多。以前她经常闷在家里不出门，现在每天都下楼锻炼身体。她对女儿说："王倩，你看你工作也稳定了，还不赶紧找个对象？"王倩听到母亲又把这件事拿出来说，急忙敷衍道："还早着呢，急什么呀？""还不急？你也老大不小了啊，你不急我急，我还等着抱孙子呢！"高大妈说。王倩拗不过高大妈，只好说："好的，妈，我知道了，我找。再说了，我又没说不结婚，您老是催我干什么呀！"

这天早上，高大妈去菜市场买菜，刚出小区大门，就碰上了退休的陈大妈抱着一个婴儿在楼下散步。高大妈说："陈姐，我好久没看见您了啊！"陈大妈热情地说："是啊，老高，我儿媳妇生了，这几个月我一直在我儿子家帮他们看孩子呢。人家小两口工作忙，整天起早贪黑的，你说像我这一把岁数，退休闲得没事做，还不就指望抱抱孙子，享享清福了啊。"高大妈说："是啊，多好的大胖小子啊，长得还真像你儿子，以后肯定跟他爸一样帅，也能像他爸那样长成一米八的大高个儿！你瞧，这个小家伙跟听懂了似的，还笑呢，让你笑……"高大妈用手拨弄着婴儿的小手，她见了小孩子就高兴得不得了，心里特别希望能够抱上孙子。高大妈又跟陈大妈聊了一会儿，陈大妈看小家伙连着打了好几个哈欠，说："老高，不行了，这孩子又困了，我得赶紧回屋去，别让他着凉了，他爸妈要是怪罪起来，我可受不了。""哈哈，是啊，陈姐，赶紧去吧。哎哟！你瞧我这记性，我还得去市场买菜呢，跟你这么一聊差点忘了出来是要干啥了，快回去吧，真好，这下你不用操心你儿子啦！"高大妈说。陈大妈问："对了，老高，你闺女王倩也结婚了吧？"高大妈叹气道："哎，我家那个丫头，别提了，她刚研究生毕业，在市一中当语文老师。哪里结婚了啊，八字还没一撇呢，没对象！让她找，她就是不找，一点儿都不替自己着急！”“你也别催她，这事还得靠缘分，孩子也大了，让她自己做主吧。”陈大妈说着就上了楼。

眼看都快十点了，高大妈赶紧往菜市场走，刚走没两步，就迎面遇到一个戴眼镜的男青年。只见这个男青年仪表堂堂，一脸斯文，他走到高大妈面前，礼貌地说：“高大妈，您好，您还记得我吗？”高大娘仔细辨认了一下，一时想不起来这是谁家的孩子。她一边答应着，一边试探地问：“我……你，你是？”“我叫李刚，是王倩的研究生同学啊，也是学汉语专业的，现在在大学当行政老师。”那个年轻人热情地自我介绍了一番。“你找我？”高大妈有些困惑，“你来找我有什么事吗？”“高大妈，我碰到了一点儿麻烦，您能看在王倩的面子上帮我一下吗？”李刚急忙说道，边说边抬起胳膊擦了擦额头上的汗。高大妈说：“孩子，别急，什么事呀？王倩的同学太多，你大妈我一时半会儿也想不起来，我相信你是她的同学，能帮的事情我一定帮你。”李刚说：“大妈，我今天准备去景点玩，可是出门走得急，忘了带钱了，您看能借我 100 元吗？我明天上班就去王倩学校还给她，正好我工作的地方离她的学校不远。”“嗨，我当是多大的事儿呢，不就 100 元嘛，我这正要去买菜，没带那么多钱，你跟我上楼来吧，我拿给你。”高大妈热情地说。李刚紧接着说：“大妈，那多不好意思啊，我就不上去了吧？”高大妈说：“没事，跟我来吧。”李刚跟高大妈上了楼，高大妈把 100 元钱给李刚后，李刚急忙就找了个借口走了。

第二天下午，王倩回到家里，高大妈就跟她说：“李刚把钱还给你了吧？”王倩满脸疑惑地说：“李刚，哪个李刚？李刚是谁呀？”“你这刚毕业没多久就不记得啦？你的研究生同学李刚，他跟你一样，现在也是老师。”高大妈笑着对王倩说。王倩想了一会儿说：“妈，我上研究生的班里一共就三个男生，其他全是女同学，男生里面有一个同学去了国企，还有……”“你当真不记得了，一米八大高个，戴个眼镜，看起来斯斯文文的，特有礼貌。”高大妈没等王倩说完，就急着给她提示了。“啊，妈，你肯定是认错了，我们班当时的三个男同学最高也就跟我差不多，我也就一米七三，当时班里根本没有一米八的男同学。坏了，妈，你肯定是被骗了呀！”王倩说，“妈，您刚才说他要给我还钱，还多少？你给了他多少钱？”高大妈猛拍了一下大腿，又拍了自己的脑门，懊恼地说：“哎呀，闺女，我当时也觉得挺不对劲儿的，但是我看小伙子长得好，一表人才，挺像个老师，就没太怀疑，他说是你的研究生同学，还说会把钱还给你，我就给了他100元……”“妈，现在这种骗人的小把戏太多了，可千万不能信啊，尤其是说同学和同事这种的，要说真的是，得让他们拿出证据来。不过还好只有100元，也不多，妈，没事儿的。”高大妈心里特别难受，她觉得自己特别不中用，这么幼稚的骗人小把戏都没有看出来。但是通过女儿的安慰，她也想开了，在心里告诉自己，以后一定要多留几个心眼。

高大妈每天还是照常下楼买菜。转眼间，一个月过去了。平时王倩都是早上七点就出门了，但是这天，王倩的学校组织学生春游，九点半才从学校出发，因此王倩也就没有那么早从家里出发。快八点时，高大妈把王倩叫醒后，去厨房准备早餐。她看了一眼窗外，发现陈大妈在外面晒太阳，和往常没什么不同。但是，就在陈大妈的不远处，有一个男子在来回踱步，鬼鬼祟祟，还时不时地看看左右的行人。高大妈定睛一看，发现这个男子正是一个月之前骗过她的李刚！“啊，这不是那个人吗？”高大妈激动地叫出了声，“王倩，你快过来看，楼下那个男的，就是我跟你说的李刚，就是骗我的那个人！”王倩本来还没睡醒，听到母亲喊她说是骗子来了，立刻从床上弹了起来，三步并两步来到厨房的窗户前。高大妈对王倩说：“我得把他骗我的100元要回来。”王倩瞪大了眼睛说：“妈，您没事吧，为了100元钱冒这个险，人家可是年轻力壮的小伙子，您一个老太婆，万一人家对你动起手来，你可怎么办啊，千万别下去。”

正在这时，高大妈发现那个男的貌似行骗成功了：只见陈大妈从钱包里掏出厚厚的一沓钱，给了那个他。高大妈看出那个男的在拿到钱后，急着要走，但是陈大妈太能说了，拉着他的手一直在说。高大妈对王倩说：“王倩，你赶紧打110，派出所离咱们这里近，民警十分钟之内就能赶到，我下去会一会他，把他拖住。至于我的人身安全，你就不用担心了，咱们小区对面就是菜市场，人来人往的，他不会对我怎么着的。”王倩说：“好的，妈，我这就打电话，您一定要小心。”高大妈通过上次被骗之后，自学了很多相关知识。她知道骗子一般都很有警惕性，怕自己被认出来，反而打草惊蛇。于是，高大妈戴上了墨镜和帽子，直奔楼下。

下楼之后，高大妈发现陈大妈还在楼下，高大妈说：“陈姐，刚才跟你聊天的那个小伙儿呢？”“哦，他刚走。”陈大妈顺势给高大妈指了一下，高大妈发现小伙子在她20米开外的地方。“老高，这个小伙子太可怜了，在城里一个人打拼，家里的父亲重病，急需做手术的钱……”陈大妈说。“陈姐，你被骗啦，他是个骗子。不多说了，我要赶紧追上去。”“哎，老高，你倒是说清楚啊，他怎么就是个骗子了！”陈大妈急得直跺脚。“一会儿再告诉你吧，别让这小子溜了！”高大妈说。离小伙子越来越近时，高大妈由跑步前进变成了步行前进，她尽量控制住自己的呼吸，慢慢地靠近小伙子。“李刚，好久不见！”高大妈热情地说。但是那个男子头也没有回，还是一直往前走。“李刚，你借我闺女的钱还没还呢吧！”高大妈继续大声地对那个小伙子说。小伙子好像感到了不对劲，撒腿就要跑。但是迎面恰好来了一辆摩托车，他慌不择路，没有注意到前面的摩托车，被摩托车的反光镜钩了一下，摔倒在地上。骑摩托车的人继续加油往前开，回头说了一句：“这么大的人了，走路也不知道看着点儿！”

“你跑什么呀，李刚。”高大妈对坐在地上的李刚说。那个小伙还没缓过神来，结结巴巴地说：“哪……哪儿有李刚？谁是李刚？我叫马泰。”“哦，你不叫李刚，又改叫马泰啦？不对，李刚和马泰都不是你的真名吧？”高大妈笑着说。“我就叫马泰，这里没有李刚，你认错人了，我还有事，我要走了。”男子从地上起来，想赶紧逃走。但是他发现自己因为刚才的一摔，把脚扭伤了。虽然没觉得特别疼，但是已经跑不起来了。他只是一个劲儿地站着叹气，把袖子挽了起来。“小伙子，醒醒吧，你是跑不了的，快把刚才骗陈大妈和之前骗我的钱还给我，年纪轻轻，干什么不好，非得当骗子！”高大妈生气地说，仿佛对面的男子就是自己的孩子，只是这个孩子太不成器了。“反正就你一个人知道。”男子撇着嘴说。“哦，看来你是想让我也不知道啦？”高大妈看出了男子想要对她动手，但是高大妈也早就发现了民警已经到了他们小区。就在这时，男子猛地向高大妈扑来，只见民警小李和小冯从高大妈左右两侧冲出，一把将已经“悬空”的“李刚”扑倒在地。小李对高大妈说：“高大妈，我们还算及时吧！”高大妈说：“谢谢警察同志，你们辛苦了。”说罢，两位民警带着男子就要回派出所，高大妈拦住他们，说：“警察同志，我还有一个请求，你能让他把刚才骗的钱还给陈姐吗？就在他手上呢，他得逞了还不到半个小时。”警察小李感到有些为难，不过还是让男子当场把钱归还了陈大妈。陈大妈拿着失而复得的两万元，非常感激高大妈和民警。小李说：“对了，高大妈，您也被他骗过吧？”“嗨，我被他骗可早了，100 块钱，算了吧。赶紧把他带走，好好教育教育他，让他以后好好做人！”说完，高大妈便微笑着朝家的方向走去……

古人云，害人之心不可有，防人之心不可无。老年人遇到陌生人主动攀谈的时候，一定要提高警惕。特别是遇到对方说是子女的同学、同事或者远房亲戚、老家邻居之类的情况，要把握好下面几点：首先，在确认对方真实身份前，不要领对方到家里去，也不能随便告诉对方家里人的情况；其次，如果随身带有电话，一定要给子女打电话落实对方身份，如果对方提出给自己的孩子或者亲属打电话，一定要通过电话先确认是不是自己的孩子，然后再问对方身份，不要因为好面子不好意思问；最后，对方如果提出要钱或者需要提供帮助，不要急于把家里或者随身财物交给对方，一定要同家里人商量后再做决定。

诈骗罪是指以非法占有为目的，用虚构事实或者隐瞒真相的方法，骗取公私财物的行为。近年来，犯罪分子冒充熟人诈骗的刑事案件有下面几个特点：首先，时间大体是早上和中午，利用行人稀少之时行骗；地点基本是老年人日常活动的场所。其次，诈骗对象大多是中老年人，尤其是春夏季节，老年人戴的首饰暴露在外，十分醒目。再次，冒充远房亲戚、子女同学或者同事，骗子行骗前一般会了解被害人的家庭情况，为骗取老人的信任还会当面打电话，实际上是另一个骗子假装老人的关系人。最后，编造亲属得了重病或者自己遇到了急事，恳求老人帮助。利用老人的怜悯心，骗取老人的积蓄。

老年朋友在平时生活中要谨慎对待陌生人的搭讪，应做到以下几点：不要轻易将家庭情况告知陌生人；不轻信、不迷信、不贪财；需要动用家中巨额财物一定要及时告知子女或身边亲属；多读书、多看报、多交流，提高防骗意识和警觉性；发生被骗的事情以后要及时向身边的人求救并报警。

**图书在版编目（CIP）数据**

法律故事汇. 人身权·财产权的故事 / 中国法制出版社编著. —北京：中国法制出版社，2020.5
（法律故事书系列）
ISBN 978-7-5216-0500-6

Ⅰ. ①法… Ⅱ. ①中… Ⅲ. ①法律—中国—通俗读物
Ⅳ. ① D920.5

中国版本图书馆 CIP 数据核字（2020）第 066009 号

责任编辑：程 思 陆紫薇　　封面设计：李 宁

**法律故事汇：人身权·财产权的故事**
FALÜ GUSHIHUI: RENSHENQUAN · CAICHANQUAN DE GUSHI

编著 / 中国法制出版社
经销 / 新华书店
印刷 / 三河市紫恒印装有限公司
开本 / 710 毫米 ×1000 毫米 16 开　　印张 / 13.75 字数 / 138 千
版次 / 2020 年 5 月第 1 版　　2020 年 5 月第 1 次印刷

中国法制出版社出版
书号 ISBN 978-7-5216-0500-6　　定价：48.00 元

北京西单横二条 2 号 邮政编码 100031　　传真：010-66031119
**网址：http://www.zgfzs.com**　　**编辑部电话：010-66010406**
**市场营销部电话：010-66033393**　　**邮购部电话：010-66033288**
（如有印装质量问题，请与本社印务部联系调换。电话：010-66032926）